LOCUS

LOCUS

LOCUS

LOCUS

Smile, please

Smile 99
結婚證書不跳票

作者：饒夢霞
責任編輯：劉鈴慧
美術編輯：何萍萍
校對：呂佳眞
法律顧問：全理法律事務所董安丹律師
出版者：大塊文化出版股份有限公司
台北市105南京東路四段25號11樓
www.locuspublishing.com
讀者服務專線：0800-006689
TEL：(02) 87123898　FAX：(02) 87123897
郵撥帳號：18955675　戶名：大塊文化出版股份有限公司
版權所有　翻印必究

總經銷：大和書報圖書股份有限公司
地址：新北市新莊區五工五路2號
TEL：(02) 89902588 (代表號)　FAX：(02)22901658

排版：天翼電腦排版印刷有限公司
製版：瑞豐實業股份有限公司

初版一刷：2011年6月
初版十一刷：2017年3月
定價：新台幣250元
Printed in Taiwan

結婚證書不跳票

不藏私的傾囊相授，最菁華的婚姻經營

成功大學教育研究所副教授

饒夢霞 著

目錄

自序

情人、夫妻、父母夢

饒夢霞

很多人相信談戀愛或是幸福的婚姻，才是人生的意義，不知道有多少人認為，自己時刻都在享受幸福的時光？

最近看到一份調查報告，說德國人他們認為能夠時時刻刻沉浸在幸福中的事，包括度假、談戀愛或是與朋友相處，那至於幸福的人生，到底要有哪些要件？

有人認為是健康，更多人認為是美滿的伴侶關係，其次是有小孩才是真正的幸福。只有三分之一不到的人，認為性生活或是有工作、有成就很重要，甚至有高達 80% 的人認為財富不見得是幸福。

所以幸福應該是來自個人的努力追求，幸福帶給我們快樂感，人的快樂與不快樂，常常也只在一線之間，快樂的婚姻，是根基於夫妻雙方，都能夠確實的明白對方話中之意，而不快樂的婚姻中，常常有會錯意，或誤解對方話中真意。

　　所以最重要的，大家最愛說的，還是「溝通」這兩個字；快樂的夫妻因為能溝通，就能夠心領神會，彼此心意才能夠通暢無比。如果是抱持著積極的態度、善意的付出，婚姻當然如倒吃甘蔗；相對於有人是消極的態度，用一種惡意或是否定的言詞長年累月相向，婚姻當然走得很顛簸。在快樂與不快樂的婚姻關係中，溝通的態度，就扮演著重要的關鍵性角色。

　　因為快樂的關係和積極的態度，總是相輔相成、如影隨形；有一位女性這麼說：「我的快樂來自於內心的充實感、自信心、夠積極、有貢獻，這都會使我有快樂。」這位女性又說：「事情不分巨細，功不在大小，而是只要有人欣賞、有人鼓舞，就會覺得有用處、有貢獻。」

　　就算妳是一位家庭主婦在家用心烹調，做出來的晚餐如果沒人欣賞，如何會有快樂？滿足感呢？別人無視於我們的存在，我們自然也就容易自暴自棄。反之有人鼓勵、有人肯定，自然有積極、樂觀的態度。雖然未必能在問題婚姻中逢凶化吉、化干戈為玉帛，但是夫妻相處，能夠不鑽牛角尖、不朝壞處想，而且更棒的是能坦誠相見，自然能建立最好的溝通效果。

在這本書當中，由情人談戀愛說起，到進入夫妻關係，成為人父人母，這一連串的美夢，最基本的核心要素，都是夫妻間的溝通。集多年從事輔導諮商的心得，我非常願意來與大家分享。所以這本書，便是有關於怎麼樣走到這個最理想的，成就這一系列的三個美夢。

首先在情人這個議題裡面，談戀愛，本來就有所謂的激情、初戀、失戀，甚至到殉情。先講初戀，那真的是刻骨銘心，最美麗的記憶，最寶貴的一份真誠，沒有條件的愛，才是深刻的愛。由初戀走到激情非常的猛烈、十分盲目、不具理性，需要漸漸的認識以後，才能建立起穩定的基礎，為「情侶」角色打下最扎實的根基。

而初戀激情過後，萬一路沒走好，走到失戀，就非常具有殺傷力、毀滅性，甚至涉及以死殉情，美其名叫作「最後對愛情的禮讚」，可是這能算禮讚嗎？只有殉情式的愛情才叫做愛情不死嗎？愛到最後，如果連命都沒了，我不知道誰還要愛情？誰還要做情人？誰還要做夫妻？更不可能去完成父母夢。

我們在愛情的世界裡，能夠做情人的時候，充分的去享受兩性互動、正向的溝通，給彼此帶來愉快的感覺。不知

道有沒有那個緣分，走到結成夫妻，都不重要，在一段感情中，只要彼此是坦誠、溫和的相見，始終溫柔的相待，這是我最嚮往的。

走入婚姻之前，你要先畫一個擇偶藍圖，所以在整本書中，我們列出了愛情驗貨單，或是找怎麼樣的所謂的 Mr. Right or Miss Right，而不是 Mr. Perfect or Miss Perfect。但是要走入婚姻的人，也要先有個前提確認是，感情會隨著歲月的增長而日趨平淡，這不見得不好，這是細水長流。

如果要找到婚姻的清涼地，個人覺得道義跟責任絕對不可免，如書中所說的，做情人做不成就 say bye bye，謝謝再聯絡，要能提得起放得下。

做夫妻，已經是修得三世因緣了，但是人有衝突、溝通不良，而必須走上離婚，那也還好，趁著沒小孩，切得乾乾淨淨，財產都分清楚了。但是如果我們一路要走到父母夢，要更懂得夫妻相處之道，那就必須是反省加調適，要任由這個婚姻當中的夫妻情分、或是父母夢，來修行我們，讓我們學習，是增加我們的磨練以及韌性。夫妻能夠互相扶持，而不依賴，共同成長而不嫉妒，那是件最美好的終身大事。

　　很多人會抱怨，可能男生都沒有製造羅曼蒂克的能力，其實真的是很多男性，對於浪漫情懷是有冷感的，他們不知情、不識趣，他們對浪漫的理解，跟我們女生的想法大異其趣。男生從小所受的教育，是能夠用自己的才能、自己的事業成就、以及男子漢的作風，去征服異性，他認為這是最高的人生境界。

　　如果遇到了一個不解風情的情人或丈夫，情況也不一定是完全無法挽救，他們並不是完全不解溫柔，他們只是對溫柔的真諦所知有限，我們做女生的，要引發他們浪漫的情懷，就必須加以誘導。最佳的方法莫如單刀直入，向他表露妳的要求，讓他明白妳需要他的親憐蜜愛，喜歡營造浪漫氣氛，除非對方真的冥頑不靈，不然的話，通常在幾次三番的要求表達下，男生也多數會學習了解妳的需求，逐漸改變，成為妳心目中充滿浪漫色彩的大情人。

　　那秉著這一份浪漫色彩、持續經營，常常加油充電，永保新鮮度，走到升為人父、為人母，再把這份濃郁的感情傳遞下去，這是不容我們逃避的一個人生責任。

　　或許有些朋友認為，婚姻很可怕！其實婚姻的可怕是在於影響力，美好的婚姻會使男人、使女人，都擁有所愛跟

有所被愛，有所關心也有所被關心，才能夠發揮最大的力量，共創生活的幸福美麗。

而不美滿的婚姻，好像一面破碎的鏡子，照到什麼都是支離凌亂、殘缺不全的，包括連照到自己。婚姻中最大的敵人就是「私」，自私的私，只顧一己之歡，對方的一切毫不關懷，這在我們書中的章節中就有詳細的描述。千萬不要有緣做夫妻，還各執一私，在比較或是在求勝，互相對峙、爭執不已，各為己謀、各為己算；這實在是有違背當初要共同生活的初衷。

最後我想拿一個心理學上，我最喜歡的一位學者，馬斯洛，他有一個需求層次論，歷經數十年，可能都近百年了而不衰。我們試圖放在這個情人夫妻父母夢裡面來闡述，由最基層的需求，一直往上，滿足到最高層的需求，你看，有幸做情人，再有幸成為夫妻，再幸而為人父母，是怎麼樣符合這個馬斯洛的需求層次，有七層：

第一層，在生理上，因為有夫妻這個名分，甚至於能夠做到父母，總不能避免 sexy 這個字吧？而在愛當中的性，是人生至高的享受，不在「名正言順」愛中的，像那種鬼鬼祟祟、偷偷摸摸跟小三在一起的，或許刺激，可是並不長

久，可能就是那幾秒鐘、幾分鐘的快感，但是不知道要付出的代價有多高。

生理的滿足之後，再往上看一層，是一個安全感。

我們有愛當基礎，情人的愛、夫妻的愛，而能夠營造出有愛為基礎的家庭，這必定是最佳的庇護所，不管在外面職場、人際關係互動上，遇到多大的挫折，總想趕快回到家、回到這個庇護所，因為有人在等你、有人會聆聽、有人能接納，更給你包容與鼓勵。

第三個是愛與歸屬感。

也就是透過婚姻，我們可以彼此完全的接納，讓愛萌芽茁壯，讓歸屬感在彼此的眼眸中展露無遺，甚至無須言語，這會帶來第四層的成就感。

就算是有萬貫家財的富翁，但是沒有一個穩定的家、一個很棒的配偶、一段幸福美滿的合法婚姻關係，你所有掙得的一切、掙得的天下，又代表什麼意義呢？所以成就感來自於和配偶的愛，獲得了普世價值的認可，讓我們感覺很有成就感，甚至這種成就感，可以從細微處，作為子女們模仿的榜樣，也是一種成就感。

接下來一個認知的層面，我們可以認識自己、了解異

性，充分掌握兩性互動關係的一個竅門。這完全靠我們的認知成不成熟，認知再往上走，是一個「美學」。

戀愛中的人最美，內心很美，自覺的美就是美，美是很主觀的，所以戀愛中的人，神采飛揚，那種美是無法言喻的，情人眼裡出西施莫過於此。能夠走到最高境界，以情人夫妻父母夢，來達成這一生自我實現，也是馬斯洛先生他的理論的最高境界。

一旦走到父母夢，生命的延續，從此延展下去。潛能的開展也在彼此鼓勵中展露無遺，你鼓勵我，我鼓勵你，原本沒有的潛能，原本有、但是沒有被開發的，都因為你的陪伴、你的鼓勵，而讓我們朝向自我實現，邁向這一生最幸福的頂端，生命的延續、潛能的開展，居然是根植於一段真誠的感情，從情人做到夫妻，晉升到為人父母。

希望不管在哪一個階段，讀者都能夠用最真誠、最真實的心去面對，也要有一個豁然的態度，叫「得之，我幸；不得，我命」。不見得每個人都可以這麼順利的在這三個階段上成就、圓滿，那就請好好把握當下。

能做情人的珍惜情人夢，能做夫妻的把握夫妻緣，能夠到最高境界，有小孩來延續生命、來成就自己的，那你就

是本書最要表揚、最值得恭喜的讀者了，祝福大家都能擁有、並實現自己的情人、夫妻、父母夢。

第一章

愛情驗貨單

哪一種愛情最成熟？

我有一個感覺，是個性互補；外加一個說法，個性互補，然後興趣雷同。

因為你希望一路上跟他能夠白首偕老，所以你們要有共同的興趣。如果不能共同去從事，至少要懂得欣賞！

從日劇、日迷的增多，加上韓流橫行，如最早的《冬季戀歌》、《天國的階梯》，太多了，不勝枚舉，一直到今年度最新的議題，應該就是所謂的犀利人妻，大家都知道「小三」其實不過是人類有歷史、幾千年來，所謂的第三者的最新代名詞罷了，多虧有這部戲，把外遇議題又炒熱了。

那怎麼樣去面對感情，這一門人生非常非常重要的功課呢？到底人的一生真的能夠離群索居孤獨過一生，或是其

實在茫茫人海中，覓得一個跟我們很能夠互動的心靈伴侶、一個佳偶天成的分享者，一路上的點點滴滴有他分享，快樂因而加倍了，痛苦的事有他分享因而也減半了，因為分享的快樂是加倍的，分享的痛苦是減半的。

人從一生呱呱落地就被教一個觀念，叫做依賴，心理學叫依附情懷。依附其實還有分焦慮的依附，跟安全的依附，後者算是健康的觀念。從小被照顧者（通常父母）這樣地照顧、培養信任感，是所謂的依賴 dependent，而不是 attachment。

dependent 就是我們去依賴別人，比方說，食衣住行育樂都需要父母親來供給，父母是我們的恆星，我們是他的行星，我們在軌道上運行，然後父母供給我們所有的養分，吃的、穿的、用的、教育費用、一般的花費、生活的所需……我們其實從小到大，一直靠父母親的地方真是太多了。

但是等到進入青春期，學校給我們的觀念是 dependent 前面要加 in 兩個字母，independent，你要獨立了；你是個獨立的個體，你要追求獨立自主，你有自己的想法，你要轉大人了，你就是一個具體而微的大人。

所以一直到青春期後，我們被這個字整個控制住，我

們都被灌輸成要多麼的獨立、要多麼的堅強，什麼都可以靠自己，只要我努力，什麼都可以成功等等，這個叫做independent 獨立。

其實我們的教育真的少教我們一個字，interdependent 相互依存、互相依賴，你需要我我需要你，魚幫水水幫魚，因為人不可能十全十美。個性中還是有一些瑕疵、有一些缺點，人格特質不可能百分百很完滿的，尤其當我們看到自己喜歡的一個人，是他有的特質，我沒有，因而特別吸引我，這個在心理學上叫做互補。

所以要我對於成熟的愛情下定義，哪一種愛情最成熟？我有一個感覺，是個性互補；外加一個說法，個性互補，然後興趣雷同，因為你一路上跟他希望能夠白首偕老，所以你們要有共同的興趣，如果不能共同去從事，至少你也要懂得欣賞。

不要一個很外向愛動，一個是安安靜靜。一個想要到世界各地旅遊，一個只想死守家裡；或是一個人很愛呼朋引伴到家裡來，另外一個是看到有客人來就出去，或是躲到房間裡不出來。

人的一生，從出生、成長到遇到一個知心的人，當我

們遇到他的那個片刻、那個當下，到後來談論感情，這些都才使我們開始懂得付出。因為之前我們都是接收者 we take，我們都是從父母親那邊、從師長那邊得到，現在開始，我們可以付出 we give，我們給，所以「談感情」這是一種相互的關係，有付出、有所得。

　　人要走到談戀愛，才知道什麼叫做也可以為別人活，不是說完全沒有自我，因為我相信剛落幕的這齣小三戲，聽說原本的編劇大結局，有 A 版、有 B 版、有 90 分鐘，有 105 分鐘的版本，可是最後製作人王珮華小姐，決定女人要為自己活，要找到自己，要給女性同胞們一個肯定：活出妳自己！

什麼樣的情人，是完美情人

　　別癡心妄想，不可能，沒有什麼所謂的完美情人，凡人必有缺點，如果這個人十全十美，會不會遭天忌？這是我所擔心的。

　　因為自己有個小孩在美國念書，談戀愛，談得多好啊，我們好喜歡那個男生。因為我大女兒也已經 26 歲了，經過一段一段的感情，她終於知道自己要的是什麼，所以當她遇

到這一任男朋友的時候，舉家歡騰，但是因為我在台灣，女兒在美國，我想，人相處之後，一定會有缺點出來，我特別要我的小女兒，20歲的小女兒幫我做小間諜。

「妳幫媽媽看，看看姊姊現在交的那個男朋友，有什麼缺點。如同前面那幾任一樣，要隨時打報告！」

我們這個小女兒看了一年：「媽媽，沒有。」

看到第二年：「媽媽，真的沒有。」

因為我都只有寒暑假過去，跟他們相處的時間比較短，可是真的發現這個男孩子斯文、有禮，是個謙謙君子，又非常在乎別人感受、敏感度也很高、反應機靈，他的專職是電腦的工程師。

在美國的時候，只要每天下班，他就直奔我家，然後跟我們一起用個中式晚餐，他尤其喜歡白飯上面加辣椒醬、蒜蓉辣椒醬，吃得好像我們湖南人、四川人的重口味。太棒了，真的找不出缺點！

可是卻在一次我上公視《爸媽囧很大》節目，主題叫做：「女兒跟男朋友分手了，當媽媽的哭得比女兒還傷心」，那個人就是我。因為這麼好的男孩，不懂我大女兒為什麼要放掉他？真不該放掉他的！所以讓我大女兒有點生氣：「如果我

這次分不成，都是妳的錯！」

　　孩子要分手，分不掉居然是爸媽的錯？

　　這麼完美的男孩子，只因爲他的母親上吊自殺，這孩子是家裡最小的，所以他受不了這個打擊。他跟媽媽的關係，是屬於那種依附情懷很好、很深的。他在媽媽自殺後的沒幾天，第一次癲癇症發作，他受不了，那個打擊太大了，還好我大女兒在他身邊，當場用毛巾、湯匙，放進他嘴巴裡，那一次抽搐了幾分鐘，也就過了。

　　喪禮過後沒多久，這男孩子第二次發作，那時候他正好在開車，下班途中開車，他發現自己不對勁，這是有徵兆性的癲癇症，發作之前會有不對勁的感覺，至少有一小段預警期，因爲有的人，是沒有任徵兆，馬上說發作就發作的。

　　台灣曾有一則新聞，電視上報導，有位騎摩托車的騎士，突然癲癇發作，整個沒有辦法控制車子，摩托車就在地上滑行，往前一滑，居然滑到公共汽車的輪胎下，就差那麼一點點，就往生了，這是生死交關的。

　　所以當女兒告訴我說，這個男孩子有癲癇症，我們當初都不以爲意，心想就癲癇就癲癇嘛！So what？結果他第二次發作，他是有感覺，他先把車子停到旁邊，然後熄了

火，才開始發作、抽搐，又抽了個三五分鐘，然後正好有個路人甲從他車子旁邊過去，我相信任何人看到車子裡面有人在那邊抽搐，大概都會嚇一跳，就趕快打 911，請救護車來把我女兒的男朋友送到醫院去。

等醫院的帳單寄來的時候，我大女兒和她男朋友非常非常的懊惱，因為美國的制度是這樣：救護車一出動，先 500 元美金起價，相當於我們的 1 萬 5 千多台幣！然後再以送去哪間醫院的距離，每一公里多加個 10 塊美金，所以根據女兒跟她的男朋友告訴我說，那一趟光救護車送到醫院，他們就付了將近快要 1 千元美金，那合台幣就 2 萬多，接近 3 萬元，真不是小錢一筆。

所以後來他們兩個想出一個對策，因為那時候還沒有要分手，他們就想說，要不要在男孩身上植入晶片，或是口袋裡面放個卡片，或隨身上帶張字條，上面寫著說：「如果本人因為癲癇發作而抽搐，請勿打 911，不要叫救護車，We cat not afford it，我們負擔不起。」聽說要這樣穿在身上，是不是很有趣？

結果第三次太可怕了，第三次他發作的時間太急，他有感覺，可是來不及應付，只能把車子停到路邊，連伸手要

去關引擎都來不及，所以整輛車就翻覆，還好是翻在泥土裡。事實上，算是一件車禍了，警察有來處理，他也有受傷、好在不嚴重。

警察一來，查明清楚，當場沒收他的駕照，而且跟他宣判死刑式地說：「你永遠都不可以開車了，你不准再開車，因為接下來，不曉得還會發生多大的交通事故。」

各位知道在美國那麼幅員遼闊的國家，沒有車就等於沒有腳，no car 等於 no 腳，若不能夠開車，是不是一生都要依賴別人？你要去哪裡都要請人給你 ride，這是一件很遺憾、不得不正視的一件事。

也因為這原因，但不是全部的原因，所以我女兒提出分手了。可是這個男生真的沒有任何缺點，我們觀察他三年找不出缺點，最後才知道原來他的缺點，是那種沒有辦法抗拒的生理上的一個嚴重缺陷。

聽說癲癇症是可以治療、可以被控制，但是要治癒、要完全好，可能還有存疑的空間。就如同我個人是一個糖尿病患者，到現在為止，也沒聽說有哪個人是糖尿病完全治療好的，但控制好血糖，是一樣可好好生活的。

可見人必有缺點，能夠找一個互補的多好，那重點就

在於我們要談感情的時候，要找有那種相互性，你幫我、我幫你，遇到一個喜歡我喜歡的人，而且他身上有我所欠缺、令我欣賞的特質，真是件美好的事。

所以那八個字：「個性互補、興趣雷同」是我自己體會出來的，個性要互補、興趣更須雷同，這樣成佳偶的機率就高多了，不是嗎？

什麼樣的愛情，才叫成熟？

在異性戀的世界，當你遇到了一位異性，你會把你自己的「愛情驗貨單」從口袋裡、從心版上、從腦海裡拿出來驗證一下，他就是我一直要尋覓的那個人嗎？愛情驗貨單上面的五大要素，不外乎：

一，在一起能看得順眼、談得來嗎

看得順眼，本就是很主觀的感受，有人覺得要長得美美的、眼睛大會放電、鼻子高，輪廓深、玲瓏的小嘴，然後身材是身材，臉蛋是臉蛋，這個叫美美的順眼。

其實真正的感覺應該是，心中有愛就是美，更何況這幾年來，我自己已深刻地體會出，所謂的美，其實不一定非

要靠外型、形體上的美，而是一種你的個性上的美。所以美分成兩種，一種是肢體、形體的美，另外一種是我們更推崇的內在美，簡單的說就是一股吸引力。

這一股吸引力基礎，根植於開朗大方、廣結善緣、誠懇應對，我個人覺得這三點還頂重要的。美就是心中有愛，所以只要你是擁有一顆眞誠的愛心，眞誠的喔！不做作、不虛假、不爲了達到目的不擇手段、不要陰險的，能夠發自內心去關懷他人的人，自自然然就表現出來的，有美。

更何況貌隨心變，善心者的容貌一定很美，越美越可以得到愛情，也能夠在愛情中順心如意，不斷地被滋潤。沒必要隨廣告或媒體迷惑，誤以爲唯有形塑出不食人間煙火的樣子、或波濤洶湧、狂擠事業線，擁有魔鬼身材才叫美。

之前曾有一位教授，他的一本書裡面寫到，說他讀大學的時候，他們班最受歡迎，大家最想追的，倒不見得是那個長得最美的女孩子，因爲美麗的女生、英俊的男生，大家都想要，那你的競爭者很多，要脫穎而出，也不是一件容易的事。但是這位教授卻說，他們班大家最想追的，是那個相貌還 OK，不到其貌不揚啦，但是非常的善良，而且很大方、很活潑、很願意幫助人家的女生，他說那才是最有人緣的。

　　命相學裡面說桃花如何又如何，我學到一句話，其實桃花不光只是男女之間的感情，也代表一種人氣，一份人緣關係，人際關係都不好的人，遑論去談愛情關係？因為愛情關係已經是人際關係中的極致。說句我先生的名言，是三十年前就定調的那一句：「夫妻，是最高級的朋友！」

　　如果看得順眼，然後又談得來，談話內容有交集，而非話不投機半句多、三句多，平常常就多關心一點周遭的議題，先從這邊開始引進，然後就可以討論些相關的，現在社會最夯的、國際間最熱的題材，或未來有些什麼願景趨勢，這個就是看得順眼、談得來，彼此有話題可聊。

　　這也是古時候的觀念叫「門當戶對」，但絕非是你們家是什麼處長級，我們家是部長級；你們家是什麼政界的官場要員，我們家是商場的巨賈大亨。那只是政商聯婚，都含有經濟或是政治的目的在內的，反而不健康。所以我的愛情驗貨單裡面，希望先有個看得順眼、談得來的，當第一條。

二，在一起會越來越好嗎

　　這是一種向上提升，而不是向下沉淪的感覺；我激勵你、你激勵我，我看到你的優點，因為我自己沒有這個。那

我自己的缺點也被你看到，但你也欣賞我的優點，因為人必有優有劣，才能夠截長補短、或是能夠互相提攜、互相鼓勵，都是一種向上的力量。

而不是每次見了面，就在研究：

上次才剛一壘打，這次來個二壘打吧！

二壘打都一兩個月了，趕快進入三壘打！

那三壘打完了，趕快來個全壘打，Home run！

這只不過在貪肉體之歡。

我所謂的向上提升，是刺激到對方、鼓勵到對方。拿自己做例子，如果我不是遇到老公，我想我這一輩子都沒有機會出國，老公如果不是遇到我，他永遠不會想還要繼續再念書。因為我從小就是一個會念書、愛念書、懂得念書方法的孩子，一直都是這種所謂的全校第一名畢業，但僅限國小與國中，後來考上女中，就不復往日英姿。因為如果是女中的第一名畢業，那我現在應該是很有名的醫生了，當年風氣是，成績最好的，都跑去念醫科。

當年的男朋友現在的老公，看到我在學校教書，還能夠自己抽時間出來準備研究所考試，居然還被我考上了輔導研究所，因那時候台灣剛剛才有這個新領域，我是第二屆考

進去的研究生。他曾說，如果光憑入學考試他一定考不上，因為考試的技巧，一般多半女生比較好，或者是正好我又比較愛念書、會念書，他說他只好用申請的。他可以申請出國到國外去，只要資料備妥，輔以 GRE 或 GMAT，多半都可申請到學校就讀的。

已不知道誰是因？誰是果？也許因為外子認識到我，有刺激到他，因為當年他的死黨們就說：「唉唷，你怎麼可能追得上饒夢霞，不可能啦，你看人家她條件還真不差耶。」不能說很好，因為我長相並不出色。

「哇！你看人家唸的是國立大學，我們這一間只能算省立的，人家那個是大學，我們這種叫學院，那種大學生都好會念書，而且能文能武，饒夢霞在學校鋒頭很健，常常參加很多比賽，很得師長同學青睞……」巴拉巴拉意見一堆。

其實我覺得人與人在沒有認識前，外面這些傳聞評論再多，都不如自己親自去體會一下。也謝謝當年介紹的老師，他看準了我們兩個應該是會有下文的，因為我們的背景太相似，他的父親也就是我現在的公公是軍人、職業軍人，先父也是，我的公公是空軍，先父是陸軍，我公公官拜上校，三顆梅花退下來的；我的爸爸是陸軍中校，兩顆梅花退

役的。

當年介紹的老師說：「你們兩個的價值觀很接近。」，以我當年 20 歲的青澀年紀，實在是聽不懂。老師說：「妳放心，你們都愛吃辣，他們家四川，你們家湖南，怕不辣、辣不怕、不怕辣，而且眷村長大的孩子自有一種眷村文化，聽說是兩極端，如果不是大好，就是另外一極端大壞。」因為很多幫派是以眷村的孩子做子弟兵的，那正好我們都是屬於另外一個極端，算表現 OK 的，所以老師極力撮合我們。

老師還講了一個很好的比喻：「將來妳嫁過去就知道了，你們打麻將的時候，都是打 16 張推倒胡，不打 13 張，麻將的那些術語你們都很熟。」

現在回想起來還真對，而且因為兩個在一起，所以他決定繼續升學，我因為跟他在一起，等他升學有成到國外去當留學生，我就可以跟著出去當留學生的配偶，就有機會在那邊念書、求學拿學位，所以這樣彼此的交往與互動，如果不算向上提升，又怎麼解釋呢？

三、兩家人認不認同這段感情，有沒受到家人的祝福

誰都知道，戀愛是兩個人的事，結婚是兩家子的事。

而且還有個說法，新婚洞房花燭夜，躺在新床上面的那對新人，新郎官的身邊，其實還多躺兩個人，那就是他隱在身後的父母，我們看不到的，原本洞房花燭夜當然只有新人兩個，可是人家說新床上面是有六個人，因為新郎倌今天之所以變成他今天這個模樣，家庭教育占了很大的成分，那新娘何嘗不是，所以兩人的婚事，總是希望得到雙方家人的認可，有親人的祝福相伴，是每對新人所企盼的。

如今回想起來，第一任男朋友，他的父母親都是本省人，可能對我這個一半一半的外省爸爸和本省媽媽所生的小孩，有外省人的血統，覺得很感冒也不一定，我是很想辯解說，其實，我至少也有一半的血統，還是本省人呀！

換成今天的社會而言，或許每個家庭的父母，對子女和他所交的異性朋友，依然存在一些比較在乎的層面，是須要在日常的溝通中，多闡明講清楚的，以免誤踩到雙方父母的地雷區。

我後來遇到第二任，也有相同的問題，而且那個媽媽更嫌棄我們：「那個饒夢霞不會打扮，人就已經長得不漂亮了，還不曉得打扮……」

類似這樣的評價，已經多少傷害到我年輕的心靈。因

為他的媽媽，已經四十多歲了，但打扮、化妝，還仍然走妖嬌美麗路線，在我這種脂粉不施的素顏人看起來，頗覺她化得太濃艷了啦！

但他們家經商，他母親是個呼風喚雨的商場女強人，樣每天要應付或是接待很多人，應對進退須得體，當然包括裝扮，所以這也是很無奈的一段感情，無法得到家人的祝福。

那第三任，根本來不及見雙方家長，因為三個禮拜的戀情就 over 了。但是讓我看到價值觀的不同，金錢價值觀的差異性太大！

他對錢非常非常 care，而我的觀念是有錢大家花，我不是有錢，但是我覺得有錢大家一起花用，而且只要是用在刀口上都是很 OK 的，我不覺得錢擺在銀行裡，三位數變四位數，四位數變五位數，五位數字變六位數字，是一件多麼開心、光彩、值得慶賀的事，我覺得錢要拿出來用，適得其所的用，才有它的價值。

雖然經常我自己的身邊存款不多、存摺有時候是只剩 3 千元，有的時候是 1、2 萬，我都覺得很 OK，因為我用在該用的地方。而且我的信念，是錢再賺就有了，錢能解決的

事，全部都是小事，錢不能解決的事，那才叫做代誌大條了。
那是我們欠了人家的情？還是欠了人家的命？用錢來還都還
不了，這下可糟糕了。所以，金錢觀的見仁見智因人而異。

　　也就投射成如果你跟這個人，他的家庭背景落差很大，
一個家庭，若是看錢看得很重，難免這個孩子多多少少受影
響。另外一個家庭領固定薪水，穩穩當當過日子就好了，像
我們就是軍公教人員的家庭，如果對方是那種做生意，商場
上會投資的強人、達人，那這個價值觀，也顯示出雙方的家
長對交往這件事，不見得認可。

　　當年我的父親對這個很有錢人家的這種小孩，明明台
語說：「生意人的兒子，難生又難養。」可是我父親只給我
一句忠告說：「無奸不成商！」，所有的商人都是奸商，當然
這是一種刻板印象，但是也代表了家長對兒女結婚對象的一
個看法。

四，這個人，適不適合做孩子未來的父母

　　看遠一點，除非是頂客族，否則我們一般人都希望生
命得以延續，看著有我的基因、有我心愛的人的基因結合所
生，那個長相，有時候還真有幾分相似，個性、脾氣也都類

似，那不是一件很欣喜的事嗎？看到自己基因、生命、DNA 在延續，那種感覺應該很好，所以這可一定要拿來評估一番：他或她未來是不是一個好爸爸或好媽媽？

在我身邊的例子真不少，尤其是當年我所知道的一個故事，兩個在同一個電子公司做事的男女，同事嘛！相處了一兩年年，也偶爾約約會，每次約會，大家就回家下了班，把自己打扮得很漂亮，噴噴香水，灑灑古龍水，洗得乾乾淨淨，滿心歡喜的來約會。

之後，這一對情侶結婚了，這個太太告訴我說，她從新婚之夜就後悔了，她的婚姻拖了 13 年，中間還生了兩個孩子，她說她的先生這一生有三個致命傷，哪三個？

第一個她的先生原來是一個睡覺有特殊習性的人，一般人睡覺大概左右翻、上下翻而已，她的先生是在床上不自覺的呈 360 度大旋轉，所以新婚之夜，新娘子躺在新床上，就被丈夫突然旋轉的腳打到、手打到，她說她的新婚之夜，是受不了了，只好在新床旁搭個地鋪，睡在地上這樣度過的。

第二個缺點，她發現她的先生是 3-7 天才洗一次澡，而不是像以前每次約會前，都弄得香噴噴的來赴約，所以這

個讓她很感冒。因為台灣這種天氣忙了一天，她先生洗澡的時間是早上要上班前，好像跟國外的習性有點像，外國人也是很喜歡早上淋浴。所以那這位先生，就被老婆在新婚後的沒幾天，就趕到另外一個房間去。

「你既然不愛洗澡，那就麻煩你睡到另外一個房間，因為我沒有辦法容忍、忍受你的體味、你的臭汗酸味。」那個太太說來還很嫌惡。

然後第三個最致命傷的，是她不知道這個先生當年跟她交往的時候，就曾經跟她說過：「很討厭小孩！」是真的。

這位女士認為說沒關係啊，你討厭的是別人的小孩，如果我們將來結婚，有自己的小孩子自己的骨肉，你會討厭嗎？應該不會吧？所以太太逕自做了這樣的臆測。結果，真沒想到，他們的第一個女兒出生的時候，她發現她先生下班回來，只要看到女兒在哭鬧，他們兩個都還在上班耶！先生會抓狂、咆哮，甚至就用手把兩個耳朵遮起來，然後就說：「拜託，我在上班，忙了一天回來還要忍受孩子這種哭鬧轟炸，這孩子實在是叫人無法忍受！」

那太太才當下知道，真的、先生是一點都不喜歡小孩的！所以先生後來堅持要搬出去，他沒有辦法忍受在家裡被

孩子吵鬧的日子。那既然搬去了，住在公司的宿舍住，無形中就很多 free time，他居然開始跟同事打牌，也許本來只是怡情養性、消遣消遣，後來打到就用錢論輸贏，而且賭債越欠越高，最後欠人家的賭資不是幾萬塊、幾十萬，而是上百萬、上千萬的債台高築。這個太太的信用卡，都被先生私下拿去貸款什麼之類的，她甚至被法院通緝，有不名譽的犯罪紀錄，此時這個太太才覺醒。

她是在某一年的八月，有機會跟我們一起去外地玩，因為相處幾天，她才整個把事情始末全盤托出，以她的個性保守、內向、害羞，比較傳統型的女士來說，十多年來她咬牙撐著，苦心經營她的一個表象的婚姻。

她現在最大的感觸是：「如果我的兩個女兒將來長大了，也交了男朋友，是有結婚的意圖。這個女兒回來跟我說：媽媽，因為我怕嫁給他，不知道他生活習性怎麼樣，我可不可以先跟他同居一陣子？」不管是搬到男生的住處，或是搬到男方家，不過搬到男方家，就要看對方家長的觀念。這個媽媽說：「以之前的保守傳統的個性，是絕對不會答應的，可是看到自己的婚姻一路走過來，這麼零零落落，很淒慘，會跟女兒說：去吧！媽媽不會反對的。」她不敢說支持，

說支持未婚的女兒跟男友同居，是會被人家說閒話的，她只能默認說：「你去吧！」

所以這一位女士終究在認識我之後的四個月，那一年的年底離婚離成了。她先生不肯簽，因為是協議離婚，她用了很巧妙的方法，終於還她自由身。她帶著兩個女兒回娘家，還好父母親不是那麼傳統、那麼保守地說：「嫁出去的女兒潑出去的水，離了婚還敢回來？」而是張開雙臂，歡迎她們母女三人回來。我事後打電話去，這位女士說：「只有在接送孩子方面，覺得少了一個替代，其他的覺得都還好，精神上非常快樂、非常愉悅，一種從未有過的富足。」

「還有一個差別，就是以前婚姻拖著，先生有個功用叫當擋箭牌，就是有不識相的人要追求的時候，可以抬出來，起碼，可以擋一擋。」，她邊笑邊說。

五，他是我的詩、我的夢嗎？

因為很多人把這個放在第一位，在找夢幻中的情人、理想的情人，要找 Mr. or Miss Perfect 卻永遠找不到。因為如果真的如詩如夢，那就不是凡人，是……了。

就如同我認識的一位女士，都已經快要年過半百了，

她說：「不要看我是單身，因為不是我選擇了單身，是單身選擇了我。」很無奈，她說她從來沒有一天放棄過如癡如醉的幻想，還想披嫁紗做新娘。

她在公餘之暇，會去些很特別的地方，有一點像休閒農場、牧場之類的地方，旁邊有白色的圍欄，她總是喜歡在那邊看夕陽，總幻想著牧草圍欄的盡頭，會飛奔出一匹白馬來，而且白馬上，一定要坐個讓她怦然心動的男人，那才是她的詩、她的夢。可是時至今日，她都已經六十好幾了，她還是沒有機會結婚，因為青春是女人最大的資產，對男人卻未必，這個也是也不公平的地方。

男生可能會隨著年紀和事業版圖增加，身價越來越好，女生卻好像只有越來越差。這個女士的故事非常特別，因為她跟年輕學子座談的時候，她是單身貴族的代表，擁有一份很安穩的工作，職務也很高，人也長得很漂亮，一百七十幾公分，在大學讀書的時候，算校花級人物，多少人追。

她來跟我學生座談的時候，她跟男生說：「男同學們，你們看到喜歡的女生就勇敢的去追，你不追怎麼知道你追不到呢？不要自我挫敗，青春不要留白，因為像我們這種美麗的女生，都是很寂寞的。」

　　然後她又跟女生說：「各位女同學，如果有人追，妳要覺得很高興、很慶幸、很棒，至少談一段戀愛，標準不要訂那麼高，人家追妳，妳不讓人家追，妳大原則要，小細節也要，妳最後的下場，就像我這樣。」

　　什麼叫大原則，什麼叫小細節？

　　她說她自己一米七，她要的男朋友沒有一八○，她看都不看，可是當年嘛，一八○的男生也太少，現在營養好另當別論。她說尋尋覓覓，有一個一八○以上的出現了，她覺得好棒喔，跟她好登對喔，至少站在一起，畫面還挺吸引人的。可是她發現這個男孩只是高個子，那麼高的身高，居然不打籃球？因為她自己很喜歡打籃球，興趣沒有雷同，她覺得說你高，高假的啊？等於是就把他給 fire 了。

　　若干年後遇到一個男生，身高夠高、又會打籃球，可是發現他一點都不喜歡靜態的活動，藝文類，什麼音樂欣賞會啦、什麼表演啦、什麼戲劇舞台，他都不喜歡，他只喜歡打籃球，她覺得這個人沒有內涵，所以又把他給 fire 了。

　　再過幾年，她遇到一位男生所有的條件都合，一八幾、會打籃球、能文能武、能動能靜，籃球打得又好，也喜歡聽音樂、也喜歡看書、逛書局，太棒了！可是她發現這個男生

談過好多次、好幾段戀愛，而她可是認認眞眞的，要談第一段感情，她覺得不公平，立足點不公平，理所當然的把人家給三振出局了。

認眞想一下，人家男生條件這麼好，當然肯定是談過幾段感情，沒關係啊！不是有句話這麼說的：「你的過去我來不及參與，你的未來一定有我！」這樣不就好了嗎？她沒給自己機會，所以我問她說，那這麼多年下來，你都有沒有什麼遺憾嗎？

她說有，之前碰過一個號稱將近一七○的男生，可是很明顯比這位女士矮的，而且是國內四大名校畢業的，有出國留學計畫的。她那時候實在沒有辦法妥協，因爲她覺得她跟他走在一起，那個男生的肩膀比她低，這成什麼畫面嘛？光第一關，身高就過不了。

若干年後，這個不到一七○公分的男生，在國外拿到博士學位，成家了，也有小孩了，舉家返國省親、探親，還居然打電話給她，像老朋友般約出來吃吃飯。她說看著他們家一家四口這麼甜蜜、這麼歡樂，她那個憤恨之心油然而起，冷眼瞪著那個女主人，心裡 OS 兩句話：「妳跩什麼跩，那個位置本來是我的。」然而，是她自己不要，她放棄掉

了……實在是一切不堪回首，她奉勸我們女同學們，大原則抓住，小細節出入可以，看你在意的是什麼？

有很多的學者也提到不同的論點，認為所謂的愛情，是一種共享的活動，成熟的愛要有共享的活動，要有自我坦承的親密感，三大因素叫做關懷、依附和信任。

首先特別提出：You care him/her a lot 你非常關心他，彼此有那個依附的感覺，我也沒有說要百分百，因為如果有人是百分百的信賴，就有點不務實際了。

所以到底愛情是什麼？成熟的愛是什麼？

有人說：「問世間情為何物，直叫人生死相許。」

有人說：「愛是魂牽夢繫、朝思暮想。」

有人說：「不思量自難忘。」

也有人瀟灑的說：「心甘情願而已。」

就是我們說的歡喜做，甘願受；甘願做，歡喜受；歡喜做，歡喜受；甘願做，甘願受。

甚至有人說：「是兩顆心之間的相知相屬，或者是下雨天兩個人共撐一把傘，總覺得傘太大。」是不是跟有首台語歌的歌詞很像，叫做《一支小雨傘》，你來照顧我，我來照顧你……所以有很多不同的定義，到底成熟的愛是什麼？

親密、激情，與承諾

　　有兩個理論，一個叫愛情的三角形論，三角形論是一種親密感的成分，是一種激情的 push 驅力，是一種有承諾的認知，彼此的認知裡面，一定有我要陪你走過這一生。

　　這是一個最有名的國外學者 Sternberg，他認為愛情的主要三個成分，親密感是一種接近、一種分享、一種相屬及支持的感覺，那激情呢？

　　是促使愛情中浪漫成分提升，激情嘛！有激情才會導致 sexy 的衝動，性的欲望，還有外在吸引力。那承諾呢？就短期來講，承諾是決定去愛一個人，長期來說，承諾是指對愛情關係的一種持續，就像那個在教堂裡面結婚的你發誓，不論他多苦、生病什麼，你都要與他攜手共度的這種承諾。

　　看到當前對愛情看法，有一個比較有趣的呼應說法：「剛開始，沒有得到前很痛苦，一直想得得不到，但繼之得到後，卻覺得不過如此，不過爾爾。」很多人失去後才懂得珍惜。

　　當然從小成長到大的過程，難免會受到沒信心的影響，

年輕的時候不知道誰要來愛我？像我們這副尊容、這個模樣
體態、這種家庭背景，我能遇到真心相愛的人嗎？所以那個
時候的第一個境界，叫作「獨上高樓，望盡天涯路」，有一
種念天地之悠悠，獨滄然而泣下的淒涼。

　　因為不知道那個心愛的人在哪裡？正是所謂少年維特
的煩惱，或是那個少女不懷春。終於遇到他了，他出現了，
而且也來電，好棒！接著進入「衣帶漸寬終不悔，為伊消得
人憔悴」，朝思暮想，思思念念的階段。

　　怕是怕在遊走一番，激情過後，怎麼這個也不對勁，
那個也不合，都分手了，那我情歸何處啊？然後，當驀然回
首時，那人卻在燈火闌珊處，他可能就在你身邊。

　　所以成熟的愛情，要怎麼說？你相愛的人，如果可以
相濡以沫、相互支撐，共度一生，恭喜你，最佳結局。成熟
的愛情如果可以找個伴，吵吵鬧鬧度過一生，符合台語歌
「家後」所說的「才知道幸福是吵吵鬧鬧」，那也 OK，反正
你們是鬥嘴夫妻，重點是要越鬥越清楚，越明白對方在乎要
的是什麼？地雷區在哪？

　　萬一你是一個人獨處一生，因為你一直站在高樓，望
盡天涯路，你沒有努力去尋覓這一段感情，那個叫邱比特的

箭一直沒有射中你，那你只好「羅漢腳」獨處一生。

　　能不能尋求成熟的愛，敢於面對萬一愛情當中，遇到了挫折，如何面對，能夠解決就解決，解決不了，就放下。因爲走下去就是一段傷心、一場錯誤，那又何必？讓我們勇於擔當，不要硬撐著一段粗糙乾澀的感情。

　　人生有三件事情不能怕：

　　年齡不要怕、單身不要怕，未來不要怕！

　　其實有的人單身，但是感情生活也滿豐富，他有他的看法，不是要提倡每個人一定要結婚的，因爲有人，眞的就只想談談戀愛、做做情人夢就好。

　　不要怕孤獨，不要怕年齡，也不用怕未來。我倆有沒有明天，不用怕，每天認認眞眞、踏踏實實過日子，遇到什麼事情問題出來，再商量、再解決。

　　感情有六種類型，有所謂的：浪漫之愛、遊戲之愛、友誼之愛、占有之愛、現實之愛以及利他之愛。

　　浪漫之愛，最令戀人沉迷，常常藉由情歌、情詩，來歌頌、來謳歌的那種愛情。這種浪漫之愛常常被人家稱作癡情，既強烈、甜蜜又可怕。因爲太強烈、太迷人了。

　　浪漫之愛，會讓人朝氣蓬勃，本來好像是很平淡，就

像我們剛講的「友誼之愛」。本來只是很平淡，好像是黑白的男女關係，在這個浪漫的驅使下，會成為朝氣蓬勃、色彩繽紛的關係，雙方因此改變了，也多了一份迷人。就是我們所謂的羅曼蒂克。

「溫馨之愛」呢？溫馨，如果你的成熟，愛成分裡面有溫馨，那這一種感覺好像是一雙很柔軟，很舒適的舊鞋，自然而舒適，充滿了真情和關懷。所以這種是能夠滿足人渴望有所歸屬的基本需求，能夠成為關係很密切，互相關懷、彼此忠誠。

這個歸屬感，在溫馨之愛裡面，占著很重要的成分。Sense of belonging，我們人的一生，都應該是要歸屬於什麼，大到可以歸屬那個國家、哪一種民族性、或是哪一種價值觀、哪一種區域性、或是歸屬於哪個大學畢業的什麼校友會……可是，其實最親密的歸屬，是歸屬於另外一個人。

一個人，這一生什麼事情都可以跟他分享，永遠彼此關懷，而且彼此忠誠。想想看，世界是這麼競爭，社會又十分冷酷，但是如果有一份溫馨之愛，給人溫暖的庇護所，讓你一直有安全感，安然生活，不是很棒嗎？

這也是我自己這麼多年來深刻感受到的，內心的深處

一直都有個呼喊，就是有一個溫馨的人一直伴在身邊，什麼事都可以跟他說，跟他傾吐。細水長流，將是多麼舒舒服服。

成熟愛的成分裡面，如果有珍惜，珍惜彼此。這種感覺，這種愛情讓人家珍惜，憐惜你所愛的人，這是彼此之間深刻的友誼，是那種同舟共濟，共同分享，永遠願意溝通的一種感情。

因為男女雙方相處久了，甚至到後來結夫妻，甚至做父母，最怕就是不願意溝通、放棄溝通、懶得溝通，或以為我不講，你應該都知道，自以為是的臆測，這都非常非常的不好。這種珍惜之愛，除了有別於浪漫之愛，使人成為戀人之外，珍惜之愛更使人成為親密的、很親近的密友。

相愛相吸，一起分享個人的心思、感受、計畫、夢想，包括一切最隱私，最沒有辦法跟其他人分享的事情，也都可以在珍惜之愛當中展露無遺。這樣的摯友，即使沒有辦法走成夫妻，就是一輩子最高級的朋友的摯友，也可以分享彼此的光陰和興趣。

就如同我自己現在腦海裡面記憶寶匣，我總覺得常常放了五個很棒、很美麗的、很精緻的裝珠寶的寶匣一樣。第

一段感情，第二段感情，我都非常的珍惜。因為每一段感情都帶給我們成長，都幫助我們更知道自己要的是什麼。這一段不成功，因為原來是怎樣，所以我下段感情就不重蹈覆轍。

到了第二段感情又知道自己多一個面向出來。喔，原來我還滿在意這個，原來他的哪個觀念跟我們不一樣。不是我自己自卑，或是有一些什麼情結，我總覺得年輕的時候，談的幾段感情，好像我有外省人的成分，似乎多多少少都扮演了某種角色，在那個年代，是屬於較負面的元素。

我周遭有兩個很親密的朋友，都曾經被夫家嘲笑是「外省婆仔」。有一個雖然結婚了，可是最後弄得不歡而散，她再也不跟夫家任何人來往。

另外一個算小學妹，曾經跟她的男朋友，談戀愛都談到論及婚嫁。帶回家，一家子卻在廚房裡面對她品頭論足。她一個人坐在客廳很孤單，因為她的男朋友要去廚房，加入戰局，跟爸爸媽媽、兄弟姊妹，解釋這個女孩有多好有多好，可是她說她就聽到「外省婆仔、外省婆仔」這個話一直出來，所以最後無疾而終，留下一段很悵然的往事。

也許每個人所在意的點不同，但是經過學習，會越來

越清楚，其實在意點並沒有錯，也許那就是你的價值觀，但是你如果懂得珍惜，這種珍惜之愛發生過，必然存在，愛過的永留痕跡，我是這麼認為。

這種珍惜之愛會活潑的滋長，會讓彼此產生相互愛惜，密切融洽，又很契合的情誼。雙方以彼此相伴為樂，能夠表現出無微不至的關懷，但是珍惜之愛不是理所當然的獲得，非常需要善加維護，所以到現在我都很珍惜曾經發生過的這幾段。像一個一個記憶的寶盒，一號打開，二號打開，三號打開。因為先生是四號，我最愛開玩笑的說：「我是先生的第三任女朋友。」因為他之前也交過兩個，那他是我的第四號男朋友，那這代表什麼？代表我贏他一號啦！

即使再強烈、再浪漫的愛，終究也會凋殘、凋零。因此最偉大的愛，應該是超越人與人之間的愛，也就是犧牲之愛。我覺得這種犧牲之愛大概只有在宗教裡面，那種我們所尊奉的，對世人的愛。

或是還有一個我們看得到，在周遭的，比較偏向父母親對子女的愛。是一種完全無私無我，一心一意，而且不斷付出的大愛。是一種意志的抉擇，一種行動，不是只有情感層面，犧牲之愛，是信念的堅持，不是一時的感覺。所以如

果一個花園裡面，園丁只有自然之愛，那他就會任這些花園裡面的花花草草自生自滅，結果必然就荒廢了。

但是如果這個園丁有犧牲之愛，他就會用耙子、鋤頭、剪刀、肥料、除草機，在花園裡面種下愛苗，細心呵護它，澆水灌溉讓一園子開花結果，景觀亮麗。

所以當面對愛情時，如果我們有仿效這種犧牲之愛的園丁，用一種體貼入微，又靈巧，又具有智慧的愛，時時關注我們所愛的那個人的一切需要，很樂意為他做一切美好的、善良的事，這種愛實在是很偉大。

我相信愛情世界裡有這種一味的付出，不求回報，但是我懷疑可以持續多久。如果真的都能從來不求回報，簡直媲美那種宗教上的愛了。所以犧牲之愛，也許表面上看起來是自己付出了，是自己吃虧了。其實更顯示出自己是基於意志維持了這段愛情，使雙方的情愛更強烈，更濃厚。在付出的同時，個人應該也會感到很深的滿足才是。

怕就怕有人說不知道是習慣還是愛，他就一直付出一直付出，傻傻的付出，從來不得回報，也不在乎被人家笑作癡，笑作傻。於現在的公平理論，就是我們說的，我對你的付出，相對的，你要對我有所付出啊！

　　我覺得比較健康的心態，是不要把對方付給我們愛視為理所當然。當你覺得我的男朋友，對我這樣是理所當然，或她是我女朋友，當然應該要這樣對我，那本來就是一個男女朋友間應該為對方做的事，看到這樣自以為是的認知，最終都是殘局收場。

　　不能把對方真心付出，當作理所當然，是要珍惜，也是要感恩，而且是要知道，即便無法做到對等的付出，也是要相當的付出。所以真正的愛情，要符合這個字 Mutual，或是 Mutuality，就是相互或對等的付出是很重要的。

第二章

友愛的西線戰事

人跟人的緣分，可用兩個球體的切點來打比方，兩個球體分別自轉，轉啊轉的，有一天靠近了，然後有一個切點，啪的那一剎那，天雷勾動地火，合而為一。

但只要那個切點一旦錯過，要在那麼大的球體上，再去找那個切點，就很難了，緣分過了就是過了……真的走不下去，能不能變成好朋友，在我個人的經驗裡面，答案是可以的，但是要看你有沒有破了那個心結，及雙方有無意願，只做朋友。

什麼叫做友愛的西線戰事，西線本來應該是無戰事的，如果你們這份友誼長長久久，也許本來有機會發展成愛情，但是遇到一些有緣無分，或者是時機不對，環境不對，你就不如讓他一直保存一份無戰事的友誼。

　　往往一走到愛情成分裡，應該是一種非常糾葛的情緒。朝思暮想，時時刻刻，念茲在茲，念念不忘，那種魂牽夢繫的感覺，有時候讓人家幾乎也都不能做什麼，還會癱瘓，不是嗎？

　　那如果是能夠維持一份超然的友誼，真的就只停留在朋友的成分，這是有一個理論叫作「因＋緣＋分」三要素。因，Factors，對方有吸引你的因，你才會喜歡他，欣賞他，甚至於愛上他。

　　緣，緣分的緣，那是表示有助力，有外援，有人事時地物。也許有什麼人 Push 你們，恭喜！就像我自己常說，我跟老公見面的那一天，認真說起來，那個因素是他比較有，我比較沒有，因為他覺得我這個女孩還算可以看，比方說腿很直、健談、或是說什麼聰明之類的，那可能要問他，意思是，我自己不好意思多說啦。

　　But 我那天看他，真的覺得他沒有吸引我什麼因，因為我一直希望，嚮往有一個高大，不要英俊，可是至少因為我從小就 5100 公克來投胎，這樣一路壯碩長到像體育系的女孩般。我也很希望有個魁梧的男士，或是一般社會通俗價值觀的什麼厚實的胸膛、寬硬的肩膀，讓人家倚靠倚靠嘛。

　　那一天見到這一位男生的時候，其實，真的是嚇一跳。哇、距離我的目標太遠了。所以一直到現在，我只要在街上、馬路上，什麼公共場合，看到恩愛的情侶，甜蜜的夫妻，是太太比先生高，然後彼此雙方都不介意，很自然的互動，我真的會駐足觀望久久。

　　我不是在看說他們怎麼這麼奇怪，男生怎麼這麼矮，女生怎麼那麼高？或是男生怎麼那麼羸弱瘦小，女生怎麼那麼壯碩？其實我真的會很感動，他們不知道克服了多少外人的眼光，然後真正找到心靈 Touch，有很多的這個交集點，所以才有彼此吸引的因素。

　　也許是被他的外型，被他的才華，被他的應對進退，辦事能力所吸引住，這個是我到後來，先去接納看看我先生當男朋友以後，我才慢慢發現，有了這個因，我們彼此才有這個緣。很大的緣、外力；介紹我們的是年輕時候，國中時代的老師，這個老師教學認真，可以把我先生從在班上成績不怎麼樣，一路帶到能夠考上所謂的重點高中，很不容易。

　　這個老師覺得這個學生還滿有感情的，儘管從學校畢業後，讀高中讀大學，都有回來探望他。那我也不遑多讓，因為在這個梯男生畢業之後，數學老師就從三年級下來教我

們國一的小女生。開始帶我們數學，把我們教得很好。我想我如果一直跟著這個老師，我應該是很有機會念自然組的，因為我的數學當年被他教得很好。

這段期間畢業後，每一個寒暑假，或是有假期的日子，總會回學校，或是到老師住家去探望他。我們兩個從來沒有在同一個時空出現過。老師自己心裡有數，這兩個小孩都很「感心」，畢業之後都會回來看我，再想想看，他們兩個的家庭背景怎麼那麼接近，兩個人的爸爸都是軍人，兩個從小都是眷村長大的，很多的生活習慣、信念，或是價值觀很接近。當年我還傻傻的問過，老師說什麼叫價值觀接近？怎麼看？因為價值觀你看不到。

老師說：「如果妳將來嫁過去妳就知道。」真的我嫁過去之後知道我吃辣椒的潛能，在夫婿家完全被潛能開發。因為先父只愛吃死辣，就是買回來的辣椒在爐子上，鍋子裡炕一炕，我爸爸就可以這樣子直接配飯吃。我覺得那對我來講，好像有一點太單調。

公公婆婆是四川人，尤其婆婆燒的一手好菜，很會做麻辣。最有名的四川代表菜叫做椒麻雞，椒是花椒，很棒的花椒，又香又麻的花椒，那個辣椒粉也是很特別。所以後來

才知道能夠跟先生一直維繫下去，因在我這邊的缺點，不算太多，其實不是不太多，我根本就沒有；我嫌他，一直嫌人家五個缺點，這樣是不是太缺德啊？

當年，我嫌他又矮，身高只有 166，又瘦，追我的時候恐怕不到 50 公斤吧？可是我當年已經 62 了！又矮又瘦，矮跟瘦加在一起，就是很「小叢」，如果用台語來講，很沒有「將才」，好像很沒有大將之才。然後又矮又瘦又小，又乾，那種臉是倒三角形，就是兩頰沒有肉，那我是一直都「嬰兒肥」，好聽叫豐腴，相形之下，他就是乾瘦。

然後最後一個缺點叫作又老。看起來老老的，因為額頭太高，外子的額頭在年輕的時候，那個髮線就很高，我個人的髮線很矮，髮線到眉毛之間，大概只能放下兩根指頭，自稱是二指幅小姐。那先生當年就已經三指幅先生、三指幅公子。三個指頭放下去綽綽有餘，可能還碰不到髮線，或者是碰不到眉頂。

那經過這麼多年的婚姻相處，先生的髮線當然是年年越是往上移了。所以我現在說，不是三指幅，是要三指幅翻兩番再加一指，常常笑他說：「你應該是只比許信良好啦，也比以前那個林清玄好。」因為他們都曾經剃過光頭，或頭

髮少到只剩下後腦杓，耳朵後面一小部分，這當然都是不傷大雅的風趣玩笑。

　　有這麼大的緣，這是一個「人」的因素，事，就是曾經發生什麼事，讓你們更能夠、更願意相處在一起。人事時地物，事跟時，有時候都在一起的，我在國外念書的時候，看到有很多的情侶，也許本來不覺得對方怎麼樣，可是在那樣的時空裡，在國外念書很孤寂，那也許又是他很怎麼樣，很溫柔、很多情、很體貼，每個周末都來你住的地方，要載你去 Shopping……所以我們常講在國外那種乾柴烈火的是比較容易發生，也許也是這個原因。

　　那我是因為跟他認識都快半年了，本來都還是平常一般的友誼而已，大家寫寫信，可是時間點到了，也許這個時間點跟算命的還有點關係。前年往生的一位關西摸骨徐先生，他就有預測，當年我去找他，他就說我會很快的服孝服，第一個的服代表動詞，第二個孝服就是代表披麻帶孝，穿孝服。

　　我心裡想：「你是在講什麼瘋話太過分了，怎麼可能？」我爸爸 53 歲，我媽媽 45 歲，服什麼孝服。可是真的，很可怕，11 月去算的命，爸爸第二年 2 月就走了，臨時突發生

病走的。這件事情，所謂的人事時地物，那個時間，那件事情，讓我挫折很大。

　　我讀大學，妹妹高中，還有兩個小弟，國中、國小，媽媽又是家庭主婦，從來沒有在外面工作過，覺得家裡頓失經濟重心，何況發生在寒假，馬上要開學，我又要上台北，從台中到台北去念書，我又是社團負責人，怎麼辦啊？活動那麼多，我還要在台中辦喪事，因為媽媽幾乎整個都崩潰了。這個時候我就發現他挺身而出，事情到了，正好有一件Critical event 關鍵事件，十分吻合時與事。

　　他說：「不要急，妳在台中把喪事都辦好，要辦的這些社團活動，我幫妳去跑，告訴我妳的幹部在哪裡？要推什麼活動？」

　　我那時候才真正的仔仔細細、認認真真去考慮，這個男生能力很強，騎個摩托車，幫我東奔西跑，號召大家活動照辦，這也是要溝通協調、同心齊力的，因為總幹事、理事長在台中辦喪事。

　　很欽佩他辦事的能力，這個事情凸顯他的歷練、是很會辦事的人，可是經過這個事件，真的是等我回到學校，活動一個一個如期推出，因為我自己並沒有參與很多，我實在

非常佩服，半開玩笑的說：「就是因為太感激他了，所以決定以身相許。」

這是人事時地物的月暈效果，也許什麼人不親土親，也許在什麼地點，你跟誰碰到面。物，可能就是大家共同喜歡的東西。我也常聽到啊，有時候認識後來很喜歡他，是共同去拍賣場，看中的都是同一樣的東西，，對那東西有執著等等之類。

所以人、事、時、地、物，是因＋緣＋分，如果沒有分，是指那個「名分」，那可能就停留在因跟緣，有緣無分，這不是我們對男女之間，友情最好的詮釋嗎？因加緣加分，那緣分，分沒有到，沒有那個名分很悵然，沒關係，這就是我們所要標榜的，做一輩子的好朋友也是不錯。

西線無戰事的友愛就是這樣子蔓延開來，但是這裡面牽涉到兩個非常重要的觀點：

第一個，你願意跟對方仍然保持友誼，可是他願意嗎？他的意願高嗎？

第二個，你將來會再交新的朋友，甚至新的親密伴侶，都也是論及婚嫁或結婚的，另一半有沒有這個海量？涵養很高，能夠接受你以前的朋友，而且還是談過戀愛，只是沒有

名分結果的異性朋友？這樣的曾經，另一半能夠接受嗎？

　　這兩個觀點，很值得探索。

　　第一個，如果有一方他不願意，覺得我們只能做情人，情人做不成，我連朋友都不要了，也許牽涉的因素很多，看透了、膩煩、厭了，那就拆夥吧！一拍兩瞪眼，希望「到此為止，永遠不要再聯絡」。

　　那另外一方何必苦苦哀求呢？而且哀求的成分裡面，可能還有很想要復合的。雖然也有破鏡重圓的，但是我們總說破鏡重圓要心理很健康、要沒有疙瘩，要不在乎破鏡之後，大家各自還有過一些感情的經驗。所以真的走不下去，能不能變成好朋友？在我個人的感覺裡面，我的答案是可以的，但是要看你有沒有破了那個心結，那個性愛的分際。

　　如果在年輕的時候，談戀愛你就越過了分際，還沒有到所謂可以做那檔事的，但是就先做了，沒有守住分際，因為一旦有了親密關係，你總不能說：「你只是我朋友，我只是你朋友。」所以這是一個很 Key point 的點，要看看是什麼因素讓你們沒有辦法繼續做情人，不做情人，能不能做朋友？

　　有人說：「不能！」因為我跟他太親密了，我們曾經有

肌膚之親，我們曾經翻雲覆雨，我們曾經那麼恩愛，我甚至爲他去拿過小孩，我甚至讓這個女生懷孕過……孩子都拿掉，連責任都不能擔，怎麼再回頭做朋友？我不曉得，也許有人可以。

我看到現在周遭，所教過的學生裡面，最近就有一個很明顯的例子，跟男朋友也是那種久別重逢。從小本來就認識的同學，中間各自大家念不同的學校，後來在一個聚會場合意外再重相見。感情緣分到了，因爲那時候正好雙方的男朋友跟女朋友也都分手了。兩個人有從小那麼多年深厚的友誼當基礎，所以就很快就進入戀人階段。

這個女生願意利用自己的假期，從南部到北部去跟他住在一起，照料他的一切，因爲男生沒有假，女生有假，出雙入對，甚至於一起討論什麼時候要結婚、要一起去買房子、挑家具、室內要怎麼裝潢設計……那些恩恩愛愛的場面，都因爲假期結束，女生回到南部，沒多久，才回來一個月吧，一個月不到，男生居然有一天跟女生說：「我媽媽，姊姊妹妹們都覺得，妳哪裡哪裡不好，我媽媽只有一個，可是女朋友，還可以再換，換到讓我媽滿意、我姐和妹妹們都認爲應該這樣才對。」

　　這個女孩傷透了心，短短一個月，暴瘦了十幾公斤，讓我超羨慕的「減肥」。我就問她：「妳為什麼這麼放不下，這麼捨不得？因為在一起這麼親密的時間並不長，有個理論叫做你花了多少時間跟一個人相處，投入那麼多感情，你至少要對等的時間才走得出來，我算一算你們從很濃情蜜意住在一起，也不過短短的兩三個月，時間會治癒一切的。」可是這女孩子大半年後都復原不了。

　　我還自以為是的追問：「是不是因為跟他，有了很親密的肌膚之親？」

　　這個女孩抬起頭來，兩個眼睛瞪著我：「干肌膚之親什麼關係？老師，拜託喔，現在年輕人都這樣啊！」

　　是不是現在女孩也看得更開了？那你那一份不捨，是來自於我們一起布置過愛的小屋嗎？那個房子後來聽說男方都買下來了。

　　女孩很惱恨：「你將來怎麼會去跟另外一個女人，住在我們倆所選的房子裡？那些家具、裝潢，還都是我們一起挑選的！」她百思不解。

　　這種不解，越想傷害越深，這是 Doctor Glasser 學派所說的：「不要再去問為什麼了，這個時候，問為什麼只會有

更多的理由跑出來，沒有建設性！你只能問 What and how，這是一個現實治療法：做對的事，把事情做對。」

因為現在事情擺在眼前，是你們要分了，所以說 "Don't ask why, but ask what and how"，不要再去問為什麼，問你從這裡面得到什麼，你現在面對的是什麼，還有你如何去因應，這樣就好了。

這個事情讓我看到了年輕的一代、新世代也許並不像我們以前，把性愛的分際守得那麼住，那一旦拆了，那就拆了、就算了，我們以前是會很掛念，這也是個世代觀念需要調整的地方。

從這個女生的案例上面，看到她後來真的把自己建設起來，這個女生當然做了很多很感性的事。比方說，之前很恩愛的時候，就說過要利用春暖花開，一起去日本看櫻花，什麼時候去峇里島來個小蜜月，甚至於當年因為很恩愛，把機票飯店都訂了。因為這個女生比較細心，都是她在統籌，男生每天都上下班。

女生有天找這男生說：「你可以跟別人去，可是我希望我們可以一起再去，我要對這份感情，做一個 Ending，我需要一個儀式。」

　　這個是讓我很感動的地方，他倆真的也一起去了，我相信那些親密的舉動，應該還是有，但是這個女生心意算堅定，因為她只有堅強起來，擺明了男生再回頭我也不要你，也不可能走下去，才能真正走出這段傷痛。這便是有因、有緣、卻沒有名分的個案。

　　問這女學生：「很希望還能夠跟男生保持友誼嗎？」

　　她說：「以前是的，可現在想法改變了，不覺得需要再保持友誼，但是萬一意外見到，基本的問候，會有。」

　　基本的問候，那就看大家以後各自的造化，所以西線無戰事，這種友誼之愛，也是我們人生很需要的，年輕時候走過的回憶，這個等到到了中年，像我這個年紀，常常回想起來，真的是滿心歡喜，滿腹甜蜜那種感覺，好棒喔！

　　人的一生應該有幾個很知己，男生不是可以有社會上所說的「紅粉知己」嗎？那我們女生也可以提倡有「藍衫至交」，也是一個很至真、至誠、至信的一個交往，這樣子，也很符合男女平等觀點，所以在我個人的看法，即便是戀人有緣沒份的分手之後，還是可以保有友誼的，但是看你怎麼經營，還有你未來的伴侶 Care 不 Care？

　　如果另一半 Care，Don't do that。

　　我現在跟自己以前交往過的男性朋友，都還保持滿好的聯絡，唯一一個，因為我是個愛唱歌的人，那這個男生以前老早就有「歌王」的封號，因為他很會唱，尤其台語歌比我厲害好幾倍。

　　有一次我有某某歌星演唱會的票，我傳了個簡訊給他：「某某某有演唱會，你有沒有興趣去聽啊？」歌后邀歌王，我還故意這樣署名，很快的，就收到這個男生的回傳簡訊：「Sure，太好了」。

　　應該說這個男生，當年我們分開有一個主要的原因，是他太 Care 錢，或者是說有一種人比較喜歡自己不付錢，也能夠享受一些事情，或者對付出的每一塊錢，都要精打細算划不划得來。以前我們交往就這樣，所以我跟他講說，我手上有兩張演唱會的票，其實是我花錢買的，但是我覺得他很會唱歌，很懂歌，我們一起去聽也無妨。

　　我還在高高興興的計畫什麼時候上台北，幾點碰面，就可以一起去聽歌。沒想到第二天他一早上班，他也是一個滿高級的主管，僅次於局長的主管，他就傳簡訊過來：「我老婆知道我要跟妳去聽歌，十分光火，sorry ！」

　　從此以後，我就知道：我那麼愛聽歌，我一年要聽個十

幾場，票錢都是我來買，便宜的話，一張也要個八百一千的，貴的話一張超過三四千，我也都照買，可是我會邀不同的朋友去聽歌，那如果大家還是朋友、還有友誼，就很認認眞眞，偶爾這樣子，互相會心的微笑而已，也沒有什麼其他的多餘的想法。因爲大家都已經五十多歲，都已經有家庭，怎麼可能因爲聽一場歌，就改變一切？不過只是珍惜那一份友誼罷了，所以我就再也、再也、再也沒有邀請過他聽歌了。

如果對方的配偶很在意、很 Care，奉勸大家就別給別人添麻煩了。那如果還有更棒的辦法，就是除了這個讓你很懷念的異性朋友之外，連他的配偶都要當作一起都是朋友，也許交情沒有那麼深、感動沒有那麼多，能夠在禮貌上、尊重之餘，把他的配偶，也當作好朋友般交往，那就眞的符合了友愛的西線戰事。

喜歡跟愛的感覺有什麼不同？因爲友誼之間，可以是喜歡，可是到了愛情，我說過，是一種情緒的糾葛，那些其實都可以拿來一題一題做探討。

還有就是所謂眞愛跟迷戀的區別，到底是一時的迷戀？還是一份長久的愛情？因爲我們說過，愛情是強烈的喜

歡，也就是說愛情跟喜歡，其實只有程度的差別，而沒有實質的差異，那所以這個是可以有一些區分的。

第三章

情深緣淺

　　有緣之外也要有名分，我是想再多舉例子來告訴各位，情人夫妻父母夢，是有些人，註定就是做情人，好像沒有辦法走到夫妻，因為有「緣」卻沒那個「分」；後面的父母夢就更不要談了。

　　這是我自己很喜歡的一首歌，是一部叫《春去春又回》連續劇的主題曲，歌詞是這樣：「明珠一對我捧在手心，盈眶淚珠灑落衣襟，心底埋藏，多少不許付出的情，夢中常見到不能愛的人⋯⋯」

　　你看這個多感傷，如今因緣轉錯，走上背道而馳的路，怎麼能夠回頭受明珠？然後嘆情深緣淺，就是跟我們這個主題很相符，有的人情深緣很淺，無言面對，所以只能夠還君明珠了。

　　類似像這樣子歌詞，我很喜歡。有做情人的這種緣分，卻走不到下一步，這邊我有很多例子，也難怪外面的人認為說：「被饒夢霞輔導過的夫妻，沒有不分手的！」婚後兩年分的，四五年分的，七八年分的，十年分的，我都面對過，不要說是因我輔導成功而分，這樣太過分了。

　　其實真的會來找我輔導，大概都是已經「代誌很大條」了，不夠大條的，還不會到我這裡來。代誌如果很大條，都已經不止是露餡了，根本就搖搖欲墜要崩塌了，我覺得就算找女媧來，也很難補天，怎麼救得回來？

　　我常常戲稱說：「找到我的話，我唯一能做的，是你們自己基礎不好，物腐而後生蟲！都已經露餡了，我能做什麼？一樣回天乏術，我只不過是手上有很多律師的名單。我不是故意要拆散你們，是你們已經翻臉翻到不可開交，已經沒有辦法溝通了，我只能輕輕一推，他們就順勢分了，那干我什麼事啊？」真的是如此，非是有意把「被饒夢霞輔導過的夫妻，沒有不分手的！」的責任，推得一乾二淨。

　　自己也很榮幸，也有一段從高一就認識的男生，一直到現在，這個男生都在做董事長了，我們感情仍如四十多年前般很好，我跟他媽媽也很好，他父親去世了，我還去助念，

下午六點多往生，我是演講完就衝到台北，到台大醫院地下室，一直助念到凌晨兩、三點吧，我自己再坐車回台南。

那時候沒有高鐵，兩、三點只能坐客運、統聯或和欣，坐到台南，幾乎沒有睡覺就去上課了，我覺得值得，友誼發展到這樣也珍貴，現在我有演唱會的票，我也是很願意請這位朋友的媽媽一起去，因為她很愛聽歌。

和這位七十多歲的長輩，我們兩個最詼諧的就是只要有機會一起吃飯，舉起酒杯，她總要說一句：「敬我這個無緣的媳婦！」，我當然也是開玩笑的附和著：「敬無緣的婆婆！」那場面多溫馨啊！

旁邊會有人好奇：「怎麼會這樣說話？」

也許有人就說：「當年曾經也是一對情侶，那就是有緣無分了，又能怎樣？」

不過我非常非常感念、謝謝這位朋友，在我們當年年輕的時候談戀愛，他是最守得住分際的那一位。因為他的守住份際，所以讓我們的友誼一直持續到今天，如果越過了那條線，沒有辦法做到所謂的：「發乎情止乎禮。」越過了那個分際，我想我們不會走得這麼長久。

年輕的時候，有一次他來學校找我，我們讀不同的大

學，因為聊得太開心，忘了門禁時間，套現在流行的術語叫做：「我回不去了！」回去可能要被記過，或是我要冒著危險翻牆，所以這個男生就提議說：「那不如我們去投宿旅館。」

哇！在那個民風都很保守時代，多可怕的提議，投宿旅館？「對啊！你明天要上課，我也要上課啊！我們都還是大學生，我們就這樣借宿一宿而已，明天我就回我的學校，你去上你的課。」想想他說的也有理，只有這個方法，所以就找了一間 HOTEL。

那到了一家旅館，我很不好意思的躲在有一個很高的盆栽後面，因為實在是覺得很丟臉。看到那個男生到櫃台那邊去登記身分證。

老闆娘問：「要一間還兩間？」

學生嘛，怎麼有人住兩間，那多貴啊！男生說：「一間就好。」好吧，那就一間。

填了一些什麼基本資料，當老闆娘把這個鑰匙給這個男生說：「212 房，在 2 樓。」

她一講完，我一聽到，就趕快從那個盆栽後面跑出來，衝到樓上，因為我怕被老闆娘看到，所以我衝得很快，我一聽到 212，我也不等那男生走過來再帶我上樓，我就衝上

去，還聽到那老闆娘，很過份的說：「有人那麼猴急的喔？」

　　其實真的不是，太誤會我了，趕快衝去房間是怕被人家看到。這個男士進來了，門一關，稍微有個簡單的交談，其實滿尷尬，這一生還沒有做過這樣的事。那一年，我應該是 18 歲吧，才大一，然後沒想到這個男生就說：「夜很深了，時間好晚，我們趕快睡覺吧。」

　　然後你就看他的動作，他在解皮帶，廢話，繫著皮帶睡覺他不舒服吧？他解下皮帶，可是我已經嚇到：「我的天啊，他終於要做那件事了。」

　　可是他把皮帶解下來的時候，他是兩隻手平舉著，把皮帶放在兩隻手上面，那種感覺讓我覺得很恭敬也很神聖。他說：「妳放心，我把皮帶放在我們床的中間，因為只有一張床，放在床的中間，不越雷池一步，我們都好好睡一覺，明天各自還有事要做。」，就真的這樣放在中間，平安過一晚，真的不用擔心，沒有什麼越雷池或是超過分際的事發生。

　　我跟學生講的這個皮帶放床中間，以免對方會對你做出什麼來，同學還開玩笑的跟我說：「老師，放什麼皮帶，我們現在都放水杯，一杯一杯水排在中間。」

　　我說：「什麼意思？」

　　學生說：「放到天亮，水都不能漏出來，所以絕對不會發生什麼有的沒的事啦。」

　　我說：「放水杯的意思是，絕對連動都不能動？」因為皮帶還比較柔軟還可以跟著床動，我說：「我才不相信咧。」套一句現在術語叫「雪特」，這是好玩。

　　不過那件事情到今天我都記那麼清楚，都事情隔了快40年了，感謝這段友誼。所以其實我自己，高一也有一段很深刻的友誼，持續到現在。

　　我要講的這個學生，是因為男生女生高一就是在台北讀那種前三名的學校，男生讀男校、女生讀女校，一個活動認識了，大概只是純純的一些交往吧，結果沒想到高中畢業考大學，女的考上北部，男生考上南部，然後他們就維持遠距離的戀情。

　　不是女生下來台南看男孩，因為男孩家在台北，所以他一有什麼假就趕著北上，所以我其實覺得遠距離的戀情是很可以維繫的，為什麼很多人害怕？那就是我們認定的「物腐而後蟲生」基礎不夠穩定，對他還是有若干的不信任。

　　這個女生非常愛這個男生，我甚至覺得她搞不好愛男生比較多，所以一直要克服他們兩個交往的一些不被看好的

地方，比方這個男生是個客家人，那個女生是家裡唯一的女孩，有兄弟，可是女孩是獨生，那個女生知道爸爸媽媽對客家人的看法並不見得說很正向，也不是說全然負向，就是說客家人比較勤儉、刻苦持家什麼的，尤其站在女方的立場，會覺得女生嫁去客家人家會很操勞。

這是我常說的雙重標準，在成大上課就做過一個活動，用雙重標準來解釋，當我叫學生們去採訪跟爸爸媽媽年紀很相近的父執輩的長輩，如果問他第一個問題：「你兒子跟我一樣大，也是大學生或是研究生、甚至已經在工作，你兒子如果每個周末帶不同的女朋友回家過夜，您老會怎麼想？」

你就看到這個爸爸很得意、很神氣的說：「哼！不愧是我的種，讚！」

如果你再馬上問說：「那如果是你的女兒，每個周末都去不同的男朋友家睡覺，您怎麼想？」

你看這老爸爸氣得七孔冒煙：「她如果敢這樣做，趕她出門！」

這個叫雙重標準不是嗎？所以我自己把它類推過來，如果今天我有一兒一女，我的兒子跟我的女兒都到了適婚年齡，兒子跟我說：「媽媽，我最近交了個女朋友，可不可以

帶回來給妳看？」

「當然！好啊！她是哪裡人啊？」我們很自然就這樣問。

「媽，她是客家人。」

「不用看，直接娶吧！客家女孩勤儉持家太好了！」

可是如果，是我女兒跟我說：「媽媽我跟我交往多久的男朋友，要來拜訪你們，我可不可以帶他回來？」

「當然也可以，媽媽先問他是哪裡人？」

「他是客家人。」

我的臉色會不會變說：「妳也很敢死，客家人妳也敢嫁？妳嫁過去，不怕會被操到死嗎？」

可能我們會這樣講也不一定，很多人有雙重標準，就如同我現在演講接的很多，每個人都告訴我：「老師您就不要接那麼多場演講，太累了、老師太辛苦了，不要接那麼多。」下一句呢：「我們這場邀約，您一定要來！」

所以人不自私實在是這個天誅地滅。

我這個女學生，她不是我直接的學生，她為了要改變爸媽對客家人的印象，一直給男朋友很多的協助，比如你該去我家走走的，母親節快到了，你來的時候不要空手，一定要有個什麼類似伴手禮，我媽媽最愛吃什麼，你就買那個

來，那老人家大概會很高興吧，買的東西正中下懷。」

　　或是「我媽生日快到了，我們兄弟姊妹要幫媽媽慶生，你也來，你是我男朋友。」

　　「我媽媽現在缺一條口紅，豬肝色的。」

　　那男生太忙了，或是是比較粗心的也忘了，都時間快到了，這個女學生問：「你準備好沒有？」

　　男生還一副莫名其妙：「準備什麼？」

　　「我跟你講的，那個豬肝色的口紅！」

　　「對不起我忘了！」女生就一副很慧點的拿出包裝很漂亮的東西：「你看，我就知道你忙，我連口紅都買好了。」那表示錢也是她出的。「那你就帶著吧！下個周末什麼我媽媽生日，你就過來送我媽。」

　　那個準岳母當然高興得不得了，所以她其實用了好多心血去編織、去交往這段感情，甚至於都還帶來我家，看我們剛買的房子。

　　「老師，我們有考慮將來怎麼樣喔，你們這個房子買多少錢？我們現在都在研究，跟各個房屋仲介詢問。」

　　那個女生大學畢業之後，居然離開台北為了男生，因為男生還要讀碩士，還要讀博士，所以這個女生就下來南部

在南部找工作。那個競爭很激烈，聽說她想在學校教書，那個學校私立學校的校長，戴著一副老花眼鏡吧，這個這麼多人來應徵，他的手上有這些人的基本資料，他一次面談五個，甲、乙、丙、丁、戊這樣排在他面前。

他就一個個問：「你為什麼想來我們學校教書？你可以教什麼？」這個校長卻很挑剔這些女生，因為他是一個比較偏重女性的專長的，比方說家政系、護理系這樣，那當校長發現說：「妳是北部下來應徵的，那妳不會待太久吧？妳總是想回家的！妳已經有固定交往的男朋友，男朋友還是在東部，那你們將來成家後一定是往東部發展。」校長拿了很多理由，當場的也許就有拒絕的意思，可是當他問到這個女生的時候他也是這麼說他說：「妳家也是在台北，那妳來我們南部應徵這項工作，那妳不是也是當跳板嗎？過兩年就要回台北？」

這個女生卻說：「不，校長，我的男朋友在成大唸書，而且會繼續唸，我大學剛畢業，我如果來南部工作跟他很近，而且我們已經在開始看房子了。」

因為她講了這點，看房子，校長馬上在上面打勾，有點像那個皇帝欽點一樣，這個女生居然是因為這樣得到這份

工作。兩個感情好的時候，我們這個男生可以騎著摩托車重型機車，買一杯活水豆花，了不起20、25塊錢，騎個幾十公里來回要上百公里以上騎個摩托車，只為了送到女朋友任教的學校，送她這一杯咖啡、或活水豆花之類，很好、很恩愛。

這個男生曾經在當年，被我婚姻與家庭課請來好幾次當座上嘉賓、經驗分享者，談一下這個當年的遠距離戀情怎麼維持，現在雖然也是兩個人分開都在台南，可是因為幅員很廣闊也沒有住在一起，怎麼樣經營感情？

男生每次來都講得很高興也很得意，也很能夠當作一個示範代表。但是曾幾何時中間有了變化，這個男生有那麼一陣子正好家人出了一點狀況要常常跑醫院還是很忙，正好忽略了女生，尤其是好像還碰到情人節，那女生從早到晚等著這個男生送花來，情人節，那男生都一直沒有表示，可能真的忙，其實要是稍微有點心囑咐一下花店應該也OK，還是我們偷偷的說客家人比較節省覺得不用送花，花謝了怎麼辦？

所以事情開始有那麼一點點的變化，而且這個男生又沒有在第一時間告訴女生說他去做什麼等等之類，還有男生

犯了一個很嚴重的錯，女生本來不太相信，第一次不相信、第二次相信，這男生居然可以單獨跟女子出遊，一趟墾丁、一趟九份，正好老天有眼，她不是安排什麼眼線都被熟人撞見，所以告訴這個女生，女生本來還不相信，結果再加上他那麼忙或是都沒有交代行蹤，慢慢查證居然應驗了，所以以他們兩個的交情我們來算算看，高中三年就有基礎了，大學四年就七年了，男生唸完兩年的研究所碩士，然後已經在唸博士班，他們本來是打算男生博士班唸到某個程度，比方說資格考過或是怎麼樣他們就要結婚的。

　　所以真的夯不啷噹加起來，應該有將近十年、接近十年，我後來問男生這段：「你怎麼可能在有固定的對象都這麼好了還單獨跟女子出遊？」

　　他說：「沒辦法，周遭還有一些女性的朋友。」

　　其中有一個女生跟他這麼說：「最近我去算命了，算命說我桃花運很旺而且姻緣到了，我最近可能就……」

　　男生就好奇追問：「算命的說那個男生會是誰？他是長怎麼樣？」

　　那女生說：「他就描述的跟你好像，高高的，身材多魁梧很會唸書、重點是很會唸書，很斯文、戴著金絲邊眼鏡，

而且說還喜歡穿格子襯衫、外套、毛線衣、毛衣。」

　　我聽這男生轉述，都快笑死，我不相信哪個算命可以算這麼準，可是有些人就是這樣，或是一般人都是一樣，禁不起別人的誇讚，沒有辦法承受別人對你的讚美，越講你越飄飄然，因為這個男生一路發展真的都很順遂，所以女生這樣講他好開心、好高興。

　　她說：「那你看怎麼樣？人家他們都說我紅鸞星動了呢。」

　　我不知道男生怎麼說，總之我知道的故事是因為這樣，所以男生陪著這個女生去玩了一趟墾丁，我想玩墾丁很少是當天來回的吧，玩了一趟九份，很遠，台北縣，瑞芳那邊的九份，芋圓很出名的，就這樣玩了兩趟，真的就把感情玩掉了。

　　再加上情人節的表現，因為這個女孩子告訴我她也很不捨，可是女孩子先提出分手的，連男生家裡客廳上面都掛著這個女生照片，交往這麼久的女生已經變成他們家的一員，都一起去拍全家福照片就掛在牆上，感情已經好到都可以拍全家福。他說他不知道那個全家福照片，一定要拿下來、一定要換一張了，因為和那個女生分了。

　　那個時候我就很勇敢的出來，我想擺脫外人對我的誤解叫做：「被我輔導過沒有不分手！」我覺得這段感情得來不易這麼久、這麼多年，我一心一意勸那男生要回頭，可是我是代表這個男生出來跟女生說，我就說：「妳看在老師的面子上，你們這個感情都十年，人生有幾個十年，妳告訴老師，妳跟他復合的機率有多高？只要有一些希望，機率還算高，我一定幫你們撮合，妳應該有份不捨吧，不願意分開吧？」

　　這個女孩子個身材其實滿嬌小，不太高，150多很瘦，瘦直娉婷，看她那麼羸弱的一個女子講話好堅定，我還記得她的眼神：「謝謝老師，老師我跟他復合的機率零ZERO。」

　　我說：「真的假的？妳不給他任何一點機會？」

　　「老師不用。」下句話更棒：「我寧願用十年的戀愛來換取我未來五十年穩定的婚姻，這十年的戀愛就只證明了我跟他適合當情人，我們沒有那個緣分走到夫妻，Let him go Let it go 也讓自己走。」

　　其實後來的發展我都還知道，因為真的回不去了，後來的發展是，原來那個女生到那個學校報到的時候，其實學校已經有個男老師很喜歡她，可是女生很斬釘截鐵的說：

「對不起，You are too late 你來晚了，我有男朋友在成大唸書唸碩士馬上要唸博士。」

那個男老師很棒的一點，是他沒有放棄，他不像我們台灣很多人一翻兩瞪眼，我跟你告白你說不要，不要我們就切斷了，也許是因為他們是同事都會碰面，那個男生非常關心這個女老師，甚至於在那種下雨天、打雷天、颱風天，那個男生總要在後面遠遠的跟著護送女生騎摩托車，看著女生回到她租的房子，因為距離太遠了，所以她女生住在台南縣，我們這個男生是成大的，所以他總要看到女生回到住家，上了二樓，甚至燈亮了才走。

那女生告訴我，有時候她還這樣把那個窗簾拉開一看，都還看到那個男生站在樹下，好像還很不放心，我的幽默感就出來，我說：「那男生有沒有抱起一把吉他在閃電打雷的樹下，還對著妳唱情歌？」

她叫我不要惡作劇了，真的是這樣，那個男生一直這樣相待，所以我待會也有個故事是跟這個相關，當你被拒絕，你還願意西線無戰事的保持這份友誼友愛，你很難說結果是好的還是不好的，不見得是說都從此不來往，結果後來這個女生跟我們的男主角說再見之後，知道他們分手學校的

男老師馬上展開追求。

好像很快一年嗎？一年多兩年，因為統計數字有說：「男女相識相戀，如果以一年、一年半到兩年是最容易結合的，結婚的成功率最高。」

有些認識又還沒認識的很熟、很透徹，因為搞不好很透徹就會分手了，有一點點誤解可以結合，但是全然的了解就只好分離了。所以這個男老師後來娶了我們這位女主角，然後應該也是過著幸福美滿的日子，生了兩個很棒的孩子。

而這個男生比這個女生，又晚了大概至少兩年到三年結婚，結婚也不是當年那個算命的女孩，他的桃花運到了、姻緣到，也不是她，那也生了一對兒女，真的是多年後他們的孩子都已經到了讀小學什麼，有一天晚上垃圾車來他們去丟垃圾赫然發現，兩個人買的房子是同一個社區，她好錯愕，本來這個女生還拜託我說：「老師，可不可以透過妳，我們再像以前這樣子聊一聊天什麼？」

我當然很願意，我覺得這就是友誼有什麼不好？可是幾經思量，那個女生後來卻傳簡訊給我，她說謝謝我她還是把這個念頭打消了，她覺得還是不要的好，我不知道是她什麼樣的想法，因為那個女生都不願意說，但是當我邀男生的

時候男生是很開心、很高興的，至少可以聚一聚敘一敘，所以通常男女生提出分手的話，女生提的通常男生都回不去了，男生提出的話也許女生撒個嬌或怎麼樣，也許就……這個沒有斷然的說法。

　　這是第一個我所知道的，這個情深緣淺，那怎麼辦？曾經我們有這樣子深刻的感情，可是我們終究沒有辦法，結髮成夫妻。

　　那另外一個更棒的故事是發生在我自己的親戚身上，一個民國49年次的男孩，很希望幫他配對找姻緣，找啊找的，因為我正好在美國唸書，我看到我有一個小學妹，聰明、機警、能幹、活潑、外向、多才華，集好多優點於一身，唯一的小小缺點，是這個小學妹個子沒有很高，那我自己這個親戚個子其實也不高，在一起應該也還算登對。

　　有一年的寒假，我就特別邀我的小學妹說，我這個親戚他也要從國外回來台灣過年，我很想把我這個親戚介紹給我最珍愛的小學妹，她要不要來台灣一趟？雖然寒假很短，我總是問我這個親戚說：「怎麼樣？我給你介紹那個我學妹不錯吧？人家特別從美國回來跟你相親。」

　　我的親戚就這樣肩膀一聳，未置可否，我只好問我小

學妹，小學妹這麼說：「謝謝學姊，他人真的不錯，也是很有才華、很有創意，可是他缺少那份對人的關心或對周遭事物的敏感，他比較自我中心。」也許因為我這個親戚是學美術、畫畫，大概是畫家、藝術家的色彩比較濃厚，所以是不是比較自我中心，有可能。

我說：「怎麼說？妳說說看，妳這樣說好抽象。」

她說兩件事，第一、當我們兩個一起去台大附近、公館附近逛街，水源市場那邊好熱鬧，逛夜市或是師大夜市逛，妳這個親戚可以走在我前面 50 公尺甚至 100 公尺而不回頭看我在哪裡？人很多、人潮很多有沒有，走一走有時候會散掉，歹也應該很有禮貌的走在女生的身邊前後，這樣稍微顧著人家，她說：「沒有，妳這個親戚自顧自的走。」

我說：「這點有可能。」因為我知道這個親戚也有一個兄長，聽說也是被女朋友抱怨，不過那個兄長走路太快，都不管女生走得慢，所以那個女生一直很想用傘柄，把那個走得很快的男生勾回來。

然後她說還有第二件事，他們如果一起去 . 坐下來點個咖啡、吃個點心什麼蔬菜棒、水果沙拉什麼的或小餅乾都可以、小蛋糕，那就是那個男生點的，運氣那麼好，他點的都

先來，這個飲料也來了，點心也來了，那個男生就自顧自的埋頭吃了起來，等到那男生吃完了頭一抬起來才跟女生說：「妳的怎麼到現在都還沒有來？」

那個女生說：「他怎麼不分我一點？好歹問也該問一下，要不要嚐一點？」

我想那個場面一定很尷尬，我如果是女生我就坐在那邊，一定會想：「才剛認識，我就看你自顧自地吃，我還想真的有這麼好吃嗎？還是你完全忘記坐在你對面還有個女生？」

所以真的是一個寒假就結束了，就結束了，這個女生說謝謝我，讓她知道什麼叫做真正感情、真正的關懷，我那時候聽不懂，等我們一起回到美國之後我才知道她的意思，因為她身邊有一個很喜歡她，喜歡她兩年多的男生，可是是個美國人。

她很早就跟這個美國人說，因為美國人有跟她告白，起先是跟她學中文，後來日久生情、近水樓台，對我們這個東方女子，很能幹又很獨立，就產生了愛憐之心，就跟她告白。

我還記得他告白裡面有一招是這樣，趁著 2 月 14 號情

人節假這個名義，那個美國男孩居然臨摹了一張卡片，他自己設計的送給女生當 Valentine time 情人節的卡片，他臨摹了孔子，只是把孔子穿的，我們有讀過那個中國文化基本教材那個封面，孔子每次出來都是雙手交叉，背微微彎曲，我如果找得到我應該會放在我們的這個書後面，可是因為古時候的人穿衣服衣袖都很大，我們那個袖邊，古時候的那個袖子的邊，也許是很傳統的中國圖案，可是這個男生卻把它統統都改成 Heart 畫心，一顆顆心密密麻麻很連接的，全部都是畫心。

那張卡片到今天我的印象，因為這個應該也超過 20 年以上、20 年、25 年，25 年以上都有，我都還記得那張卡片只有兩個顏色，一個是鉛筆，把孔子畫得維妙維肖很像就是臨摹的，然後就是紅色的心。

送給我學妹時，我們笑到彎腰說：「他有沒有搞錯，他以為今天是教師節嗎？明明是情人節。」

他只是要表達說他很喜歡中華文化，他藉孔子來獻愛心，所以她跟那個男生說：「我不能接受你的感情，謝謝你對我的表白。」

這個女主角有個姐姐在台灣，當年只是因為姐姐愛上

的是外省人，這個爸爸媽媽就已經氣到鬧到不可開交，家裡屋頂都快被炒翻了，可是姐姐很堅持爸媽沒辦法，所以姐姐也就跟這個外省男孩結婚了。

她說：「我姐姐只是跟外省人結婚，我爸媽就氣成這樣，如果我接受你感情，我們一直走下去，哪天我們真的走到要結婚了，我看我爸媽大概會帶著大刀一路從台灣殺過來！」這是很有可能的。

所以我這個小學妹很早就跟男生表白，可是男生好棒，他說："OK, fine." 因為他告白失敗，那男生不氣餒的說：「那妳還可以教我中文嗎？我們以後還是朋友嗎？當妳需要購物的時候、需要駕駛的時候、需要人家給妳個便車搭的時候、需要幫什麼忙，妳都會記得我嗎？請我幫忙嗎？這樣，我很願意、很樂意。」

我覺得那個真的是很真心的關懷，所以當這個女生兩相比較我介紹的親戚，跟她在國外的這個男生，她跟我講她回到美國後，她要跟那個男生說：「追我吧！你就放馬過來追吧！」

我說：「妳怎麼改變那麼快，妳不怕妳爸媽拿大刀殺過來？」

　　她說：「我得想個辦法，我一定要想個策略。」所以她在過完農曆年 2 月、3 月、4 月、5 月，因為我們美國 5 月就放假，她這個當中，我想也許她這一生最快樂，尤其對照她今天的婚姻經營狀況，她一定非常懷念那段最甜蜜的，常常出遊拍好多照片，男生好高，應該將近有 180，女生還不到 150，男生喜歡從後面熊抱女孩好恩愛，我那個照片都還有，真的是很恩愛。

　　通常放假我們都會想要回台灣，在假期快到的時候，她就買了單人份、單張的來回機票，她跟那個男生講：「現在已經快要放暑假了，我們這個感情也談了一段時間了也滿好的，你敢不敢單獨一個人坐飛機回台灣？」

　　男生說：「我人生地不熟。」

　　她說：「對，沒錯，我幫你安排好，我已經跟我爸媽講，我很勇敢的講了，說我交了一個美國男朋友，我說這個美國男朋友，一放暑假就先去台灣住在我們家，因為他台灣誰都不認識，請爸媽就先收留他好了、觀察他兩個禮拜。」

　　她跟男生說：「你放心，兩個禮拜後我隨後回去，但是我要你單獨先跟我爸媽相處，先過那一關，過了我們就有希望。」

　　可見我們台灣人真的很注重兩家人的觀念跟家庭有關，所以這個女生做了這麼大、這麼勇敢的一個抉擇，這個老外男生更棒，那叫做為愛走天涯，他為了要追到女生也只好硬著頭皮拿起機票，就一個人坐飛機到台灣，當然是住女生家，用他這兩三年跟女生學的國語，應該也還有一點點程度，一些單字什麼至少可以表達，講不出來的就比手畫腳。

　　兩個禮拜以後，我這個學妹回台灣了，第一句話就問爸爸媽媽：「爸、媽，你覺得他怎麼樣？」那個很保守型的爸爸，連當年大女兒要嫁外省人，都反對的爸爸居然這樣說：「這兩個禮拜相處下來，這個人有夠誠懇，也很善良，不菸不酒、斯斯文文。」

　　因為那個男生讀了兩個碩士，美國人可以愛讀書、會讀書唸到兩個碩士其實並不多，念到博士那真的更不多了，不像我們亞洲人、東方人、台灣人這麼愛念書。

　　她爸說：「人不錯，只差那個皮膚的顏色跟我們不一樣，眼睛的顏色也不一樣，頭髮的顏色怎麼這樣金毛毛。」我們叫金毛狗。她爸爸說只有這樣，覺得他好像生錯地方，他如果生在我們台灣不知道該有多好。

　　那女生就說，所以爸爸基本上也沒有什麼好挑剔，爸

爸居然也就認可，所以他們很開心，那年的暑假大概八月就在台灣結婚了，還拍了好多婚紗照。

　　我要告訴各位的是，我拿了這兩個這麼深刻的這個故事來跟各位做分享，一個本土化、一個異國戀情，要有緣有分的在一起，我這個朋友還過了這一關、過了家人這一關跟愛情驗貨單上面又可以相吻合，所以我們是很祝福天下有情人，都要成眷屬，而且成眷屬的每一對情侶都永遠是有情人。

　　我覺得成熟的愛情也要考量到現實面，有很多人把詩和夢放在第一，他是我夢寐以求、他是我白馬王子、白雪公主嗎？我覺得也許在單獨理想化的談愛情時可以這樣想，那其實人要遇到白馬王子、白雪公主的機率並不是那麼高，尤其當你又訂了很多條件，通常我們說條件訂得越多的人，越容易踢到鐵板，因為你窄化的限制住了。

　　我以前也說過要交177以上，誰知道遇到老公他只有166，你能怎麼說？感覺對了就是對了，繼續交往越來越發現他諸多優點，能夠把優點說得越多，也表示這份感情越成熟才叫真正的愛。

　　比方說，你對他的感覺就只有外貌、外型、身體上的，

其實這個有時候是一時的迷戀，但是如果你喜歡的是他的個性的，那就比較接近真愛，你們的感情如果是慢慢開始、慢慢發展的，不像那個瓦斯爐一打就開，然後當然很快一關也就滅了。

你們是那種那個年代的煤炭、煤球爐，連要著起來都很不容易，然後等到它著起來有沒有，可以持續用很久，又燒水、又燒菜、又燒茶又怎麼辦煮飯，你要把它滅掉也不是那麼容易，這種感情很雋永。所以時空的差異就看每個人追求的是哪一種，把夢放在前面的，通常碰到現實的考量就碎了。

所以如果對方能夠吸引你的條件越多，你們整個發展的過程是緩慢循序漸進，或者是你們遇到爭吵，能夠因為由吵當中而更了解彼此，不是那種情緒化的、惡言相向的，或者是別人對你們在一起的感覺非常的正向，頗有這個互補、魚幫水、水幫魚這都是很好的徵兆，又或者是你們的興趣、改變沒那麼大，比較不是屬於一時衝動，比方說有個女孩子她一向不喜歡運動，可是因為她喜歡的男生是一個運動健將，她就突然變得很瘋運動，其實這種變化太大，我個人不覺得是好徵兆。

　　比較好的方式是折衷和緩一點，不喜歡運動的會慢慢的從欣賞開始，也會看點球賽，也會想知道一點什麼叫 touch down、什麼叫這個棒球的內野外野之類的，所以其實迷戀跟真愛是有一個分別的。

　　除了愛情驗貨單以外，我另外還要再提出有些人對成熟的愛的看法。最早的一個研究的說法說其實愛情是關懷、加依附、加信任。You care him or her so much. 關懷他，依附於他情感上的依附、精神上的依附，再加上信任，所以有人說：「愛情是一個人，對特定他人的多面性態度。」這個多面性就包含了所謂的關懷、依附和信任，這是第一個論法。

　　第二個論法，還有另外一種三項分法的是最有名的斯騰伯格，這是我們自己在讀心理學，很多人都知道的愛情三角形理論，這三個要素，能夠平衡或是把它的面積擴大最大那就是最成熟；第一個叫親密感 intimacy，是一種很接近、很愛分享、很相屬又很彼此支持的感覺這個叫親密感。第二個叫做激情，有一種強烈的 desire passion 激情，這個促使愛情中有

　　那個很浪漫的情分，甚至有性 sex 的驅使力，還有外在

吸引力，也許像我這樣子，應該是內在吸引力。第三個叫做承諾 commitment，短期來說，是你決定去愛這個人，長期來說是你對愛情關係的持續，支持他、答應他，就像在牧師前面所說的，不管他生病、不管他痛苦、不管他怎麼樣，都決定守候在側這種承諾。

所以這個方式，依照兩個人認識時間的增加，跟相處的方式而有所改變，如果你這個元素有增減，你這個三角形也就會跟著有改變，因為它代表愛情的質量、愛情的型態，大量的親密、大量的激情、大量的承諾，自然就構成大三角形，斯騰伯格說通常三角形越大愛情就越豐富。換句話說，應該就是越能夠達到我們期盼的成熟的愛，這是另外一個理論。

還有一個我滿喜歡的叫做愛情色彩理論，六種愛情的類型，這六種愛情的類型如果兼而有之也太完美、太成熟了，不過裡面有些成分的輕重拿捏倒是我們可以探究的。比方說，第一種叫浪漫之愛 Romantic Love，第二種叫遊戲之愛 Game Playing Love，第三種叫友誼之愛 Friendship Love，第四種叫占有之愛，或是有人叫神經質的愛 Possessive Love，第五種叫做現實之愛，這個叫 Pragmative love，以及

第六種利他之愛或有人叫做犧牲之愛，這叫 Altruistic Love，所以這六種愛情有一些滿健康，有一些不見得健康。

比方說浪漫之愛，它是建立在理想化的外在美，而且是非常羅曼蒂克、非常激情的愛情，而遊戲之愛，把當作獲得異性的青睞是一個很有趣的挑戰性的遊戲，他只是當作遊戲所以他會避免自我情感投入，而且蠻喜歡更換對象，因為是一種享受過程，不一定要有結果的愛。

友誼之愛，那就有點像青梅竹馬似的感情，由於長期的相處而不知不覺的視彼此有如兄妹、有如好朋友般那種自然習慣，是一種細水長流、寧靜無波的愛，就像朋友一樣友誼。

占有之愛，情感需求幾乎達到一種強迫性的程度，常常因為戀愛而心神不寧，而且伴隨著情緒起伏很大。現實之愛則有如那種交換理論，就是男生工作賺錢、女生持家、照顧家、照顧小孩，所以這個是人們傾向一種能夠給自己酬賞而減少成本的很理智、很顧現實條件的。

利他之愛，是帶著一種宗教的情操，把愛情看作一種犧牲奉獻完全不求回報，其實這個很不容易，愛情還有個很基本的理論叫做相互性或是公平對待，我付出多少我總希望

也得到對等量的回饋回報，常說我們以前那個年代談戀愛，是不是很喜歡問愛人：「Do you love me 你愛我嗎？」不知道現在的年輕朋友談戀愛，會不會更從現實之愛出發：「How much do you love me ？你愛我多少？」

　　我最近在某一個機構上課，聽到學生的報告嚇了一跳，這個男生代表他們那組討論的結果，報告有關於愛情當中的那種同居，這個男生說：「如果妳們女生覺得同居對妳們來講是吃虧的、是弊多於利的，那這樣妳就跟同居的男友先說好，每一次我們要做那檔子事，指 SEX，做愛，那就用金錢來計，這樣你們如果將來分手，因為同居很容易分手，你們分手了，妳就不會覺得妳失去那麼多，妳不會那麼虧。」

　　他報告到這邊，我真的覺得我都快坐不住，我本來是坐著在那邊評分的，我都站起來了，我很想跟他講，就算我自己很喜歡這個人，也許有一些條件或是目前的還沒有成熟的時機下，我們可能先選擇同居，甚至於同居有個更好的名詞如果你們是非常有誠意，想以試婚為前提。我之前所說的那位保守的母親，不反對她的女兒去跟即將要結婚或是有結婚意圖的那個男生同居，媽媽也不反對了，可是說這叫「交換」，這樣公平嗎？

第四章

無名指上的婚戒

何謂結婚？

結婚是雙方互相研究了 **3** 個禮拜，又相愛了 **3** 個月，卻吵架了 **3** 年整，彼此也忍耐了 **30** 年，然後周而復始的一代一代傳遞下去。

等到了婚戒套上無名指，也並不等於，可以高枕無憂的享受勝利、可以套牢一輩子……

有人這麼描述，當婚戒套上無名指，表示戀愛獲得最高境界的修成正果，結婚了。

在婚戒套上無名指，套上時候的那一種幸福、喜悅與承諾，也是要一起看待、一起重視的。甚至於在做家事，婚後難免分工，會有做家事，也許婚戒暫時拔下來，因為怕做家事會妨礙到，你心中又是怎麼看待這段婚姻？

首先讓我們先看到是當你和對方，已經固定下來，甚至論及婚嫁，before 在婚戒套上無名指前，你們有沒有針對一些議題進行溝通，不斷的溝通，有一些問題可能也許問一次、講一次就可以處理完畢，達成了共識，但是也許有些議題要商量好多次，所以我列出了幾個需要不斷溝通的主題：

財富

彼此的財富和其他的資產，所有權應該要討論一下，尤其現在又有所謂的夫妻共同財產制，所以財產和其他資產的所有權，要討論清楚。

家事

家事的責任跟管理也要談一談，因為我也聽過一對年輕的夫妻結婚，說好了掃地、清潔工作男生來做，廚房、三餐料理女生來做，結果這個女生發現，那個男生怎麼都沒有掃地、拖地，那個地上挺髒的，她問她先生，她先生說我不覺得髒啊！還把那個門打開，你看跟外面走廊比起來、通道比起來，我們家算很乾淨的。

這個女生氣到說，那我們就訂得更明確好了，你一周

至少要掃地一次、拖地一次，這樣子把它量化。所以家事的責任跟管理。

家庭花費的決策權

家庭裡頭共同開銷、一些花費，誰掌握經濟大權。

休閒安排

休閒時間，我們可以共同做什麼？或是時間難以配合，是不是也容許對方做他喜歡的休閒活動？

因為太多的人在抱怨說，老婆是很靜態，喜歡守在家裡；老公是周末假日就想往外跑，紓解一下壓力，然後就會覺得怎麼不能夠一起從事共同的休閒，我覺得這個應該是可以達成協商的，也許一年去玩個一次、兩次、寒假、暑假，或是特殊的日子，或者跟對方落差實在太大，一動一靜，一個想國內，一個想國外，一個只想補眠，一個卻覺得非要去哪裡走走逛逛，才算有達到休閒目的。這邊又有一個很有趣的故事：

一位美容美髮的媽媽，她帶著她的先生來找我做婚姻諮商，我心裡還暗損，這一對看起來結婚沒幾年的，真是勇

敢啊！這對 couple 真是勇敢，因為坊間以為，被我輔導過都會離婚，他們有沒有打聽過？

　　然後太太就說了：「老師，我勸不動他，你幫我勸，我們結婚到現在，生了兩個孩子了，一個 4 歲，一個 2 歲，剛會走路跟還要抱著的。我們平常白天都忙，他忙他的上班，我忙我的美容美髮在美容院裡，回到家，照顧孩子是還 OK，他也願意幫忙。」

　　我心裡想說這有什麼樣的問題。

　　她說：「周末假日他只想補眠，可以不吃、可以不出去、可以不用跟任何朋友聯絡，他只想把這個禮拜睡不夠的全補回來。」可是太太認為，現在有兩個孩子，尤其那個 4 歲的也在讀幼稚園了，常常禮拜一到學校，小朋友會互相問，或是老師也會問：「這個周末你有沒有去哪裡玩啊？」

　　「沒有，爸爸在睡覺，媽媽沒有辦法帶兩個一起出去。」所以這一位女士請我幫忙，看有沒有辦法勸她的先生，跟他們一起做休閒活動，在周末假日，全家到郊外走走，或是就是到公園晃一晃，或是讓孩子放個風箏，草地上跑一跑。

　　我問這一位男士：「你太太所控訴你的都屬實嗎？」

　　他說：「是啊！老師。」他用台語講：「我很重睡眠的人，

我可以連續睡兩天，48 小時不成問題，我只想睡到我醒來的時候，要去上班的時候，我是精神充足的。」

其實不見得睡很多，就是精神很飽足感吧！我說：「那太太這個抱怨你怎麼辦？」

「我也沒辦法，我真的很重眠。」

我跟太太就默默相視，我都請到老師跟你講了，還講不動。我也跟那個先生講：「一人飽全家飽，那是你單身的時候，現在有家庭，而且又有兩個這麼可愛的孩子。不要多嘛！反正周六上午、下午，周日上午、下午這麼多時段，4個到 6 個時段，您要不要取一個，陪太太、小孩一起到公園走走晃晃。」

經過一番的溝通，這個叫協商，然後這位先生說：「好吧！就看在饒老師的面子上 (我常想我是不是自己個子很魁梧，這個人高馬大，所以面子也大)，所以看在饒老師的面子上，那我以後就答應，那我們選禮拜天好了，你禮拜六還是讓我睡，禮拜天上午，我都陪你們出去公園，好不好？這樣好不好？」

太太高興得不得了，那個喜悅之情溢於言表：「是你說的喔！是你說的喔！饒老師你看我要不要寫一下，白紙黑字

的同意書？」

我說：「不用吧！」

她說：「眞的！他不能賴皮。」

然後這個先生居然說了一句很有趣的話：「我先告訴妳喔！我禮拜天陪你們出去，我只有身體跟你們出去，我心裡不會跟你出去，我心裡可能還是想著，我要趕快回來睡覺。」

他太太說：「沒關係，你只要身體跟我們出去就好。」她偷偷告訴我，他的身體陪著大兒子在跑啊，那個叫做放風箏，我哪管他心裡在哪裡。

我覺得這個太太要求沒有那麼高，也許有人會生氣說，你身體跟著我們，那你心裡想到哪兒去，她會做一些臆測，你是不是又想著某某某，想著你以前的女朋友？那眞的是無事惹事，要生出端倪來，這個是不太好的，應該說太不好。

宗教活動，在家居生活中扮演著什麼角色

這眞的會有些「嚴重」的牽涉到，兩個人的宗教信仰不同，有的禮拜天要上教堂，有的跟著這個節慶農曆要拜拜，有的人不拿香，有的人不想去教會等等，所以宗教這個應該

也談一談。

家人和親戚

換句話說，是一個姻親關係，家人和親戚在你們家居生活中的角色，也就是說如果我們沒有住在一起，現在流行小家庭，我們是應該要安排一下，多久去看一次爸爸媽媽，雙方的喔！不是只看男生這邊的。

還有姻親，也許有哪一個親戚從小最照顧你或是跟你互動得最好，甚至我都聽過說，有時候媽媽太忙，都交給阿姨帶，阿姨好像才是親媽媽，那像這種親戚在你們家居生活中扮演的角色，可以談一談。

對生育、養育下一代的計畫

這個在套上婚戒前很重要，兩年內不生、三年內不生，也許年紀大了，一結婚後就不要有任何避孕措施，趕快生。

對菸跟酒的看法

這個牽涉到個人的嗜好，如果一方是偶爾小酌，你也可以接受，其實醫學有報導，是不是每天一瓶，不是一瓶

啦！每天一杯，一小杯紅酒有助於血液循環。

　　可是菸的話大概不必了吧！現在抽菸的人多不方便，到處都禁菸。所以對菸酒的看法，也包括對個人嗜好的看法。其實不但菸跟酒，應該要再加一個賭。

　　菸、酒、賭，我個人喜歡打麻將，但只跟家人跟公婆打，或是跟小孩子打，輸贏都很少，甚至很多時候是用那個塑膠的硬幣當籌碼就好了。賭博真的很傷，菸、酒、賭都傷。

對健康和容貌的計畫

　　也就是說為了健康，是不是應該偶爾安排一些比較具有運動量，會讓血液循環得更快，呼吸要多少，333 是一個禮拜 3 次，每次 30 分鐘，心跳要 130 下。

　　對於健康和容貌，就是不要讓自己因為結了婚，一切穩當下來了，所以也不顧容貌的，就任他發胖、發福起來，適當的我覺得是可以的，還有一個轉圜的空間，有人叫體適值，因為一段美滿的婚姻，通常我看到的都是會變胖。

個人跟共同興趣的發展

　　原本各自有個興趣，不要因為婚後就失去了，然後再

一起去培養共同的興趣。

我的先生很會游泳，那我很愛唱歌，因為我不會游泳，旱鴨子，那他倒也不是五音不全，他就是沒有這個興趣，所以很多時候他都是帶著孩子到泳池邊去游泳，也很多時候，我都是跟著我愛唱歌的朋友一起到卡拉 OK、KTV 唱歌。

他會很關心的傳簡訊說：「太太，已經晚上 12 點、12 點半、1 點了，你們要唱到幾點？你幾點回來？」我覺得那是一種關心，那不是一個苛責，而且我們唱歌的朋友，他都認識。

那共同的興趣，這幾年發展下來，大概就是飯後一起散步，選個好長片，HBO、Cinemax，電視上的長片，或是什麼好電影來了，一起去看。

哪些議題也是要談清楚的

朋友在你們生活中的角色跟重要性，有人說胳臂到底是向內還向外彎，結婚後向外彎，就是朋友一喊就走了，棄老婆、棄小孩於家裡不顧，然後可以跟朋友聚到很晚，到底朋友在你們生活中，扮演什麼樣的角色？是不是重要性多過家人？這樣子有違背親疏遠近之別。

雙方表達感情的方式

可能有的人比較靦腆、比較矜持，表達方式比較含蓄，那有的人就比較直接，有什麼說什麼，喜怒哀樂形於色，另外一方面是你都不知道他生氣了沒有，這種表達感情的方式，如果有落差，也是應該提出來談一談。

性 Sexy 的需求

東方人很少人願意談這個議題，好像都是在摸索中，在嘗試錯誤中，記得結婚的時候，有人送我們一本這種性愛、做愛技巧的書，畫得很簡單，不是用真實的圖片，是有點像用竹子人還是木頭人，那個姿勢有的時候我現在回想起來，不是很有趣，這個叫有看沒有懂。

那我們都不知道，那時候的資訊也不多，沒想到那本書後來在我一個重要的親戚，比我小個好幾歲，在若干年後，他也結婚，他居然還特別跑來跟我借那本：「表姐，我記得我在你們家看過一本那個什麼什麼……」

我說：「你怎麼知道？」

他說：「可不可以借我，我們也不知道這方面。」

所以表達性的方式，也許都太過含蓄，現在資訊太多了，這個是很健康、很正常的，沒有什麼好避諱、好隱晦。

對婚外情的看法

這是現在最熱門的，對外遇或是當前小三橫行，對小三的看法。

有一派是說，你只要敢外遇，我一次機會都不給。另外有一方就會說，人非聖賢孰能無過，如果錯一次，知錯能改，保證不犯，那我倒是可以原諒，倒也罷了。可是據我所知，我所接觸到的個案，大部分都是有一必有二，有二必有三，不斷編謊言，一再圓謊，甚至於最近才剛接到的一個簡訊，還上面她還寫著說：「那個軟弱跟愛說謊的男人，總於走了、總於離開了。」

這個所謂軟弱、愛說謊，她是對他結婚 15 年的丈夫總結敘述，這個當中我參與了很多，當她先生開始覺得他要去外地工作，或者是編了一些藉口不回家，或是說要創業，把一個原本是學鋼琴，以教鋼琴為業的太太，說服這位太太到接手他的工作，他的工作是類似那種業務員，就是按你的業績量，你的業績做得好，收入就跟著好。對一個彈鋼琴的來

說，是不太喜歡做這方面工作的，因為太務實了，跟這種教鋼琴層面差很多。

可是這位先生口才很好，很會講話，活生生的把一個鋼琴老師，說服到去接手他的事業，而這個先生呢？他心裡一定盤算著，我老婆接我這個事業，我這個事業還不錯、還可以，她一定有收入，那我就要去發展我自己的興趣、我的嗜好，什麼興趣、什麼嗜好，就是三個字：當老闆。

一直有個想當老闆的夢，所以十幾年來，他們結婚 15 年，大概至少有 13 年，因為前兩年，他也許還在培訓太太，來接他的業務工作，他就開始去追求夢想，一下子想做這一行，一下子想做那一行，到處籌款投資，不惜拿老婆的嫁妝錢或是回自己原生家庭，跟兄長、爸媽借錢、籌款、調頭寸，幾年下來做了好幾樣，四五樣跑不掉，沒有一樣成功。

結果搞外遇，偏偏還被老婆知道，因為那個女生會打電話來嗆聲，所以這個老婆知道了，大概就這 3、5 年吧！

一直都很想跟先生坐來好好談，先生都是一副你就不要管我，你把孩子照顧好就好。也生了兩個孩子。一直到前一陣子，我一直都有跟她保持適當的關心、關懷跟晤談，前一陣子我還以為他們真的要復合，因為那個男生第五個事業

又失敗了，而且這個小三女生表明，她也不想再這樣等下去了。

那這個老公便看似誠懇的跟太太懺悔，要回家。太太在那一次之前，也跟我做過很仔細的長談，我說：「看得出來，妳還很愛他。」

那個太太真的是淚如雨下，猛點頭，她說：「如果不愛他，就不會去違反自己的興趣，做自己不愛做的工作。可是居然也做得讓客戶都很信任，業務做到現在也都非常穩當，至少維持住我們家的開銷。」

我說：「那麼愛他，一講到他，妳就哭成這樣。」

他有心要回頭，我們當初認為他是有心的，後來發現她沒多久傳來的簡訊告訴我：「那個軟弱又愛撒謊、謊言不斷的男人終於被我趕走了」。

這是讓人家很唏噓的一件事，因為他們兩個算是我的學生，後來也變成了朋友，沒想到還是這樣的下場，所以對婚外情的看法可能可以在適當的時間就先溝通。

教育和專業發展

意思就是每個人有自己接受教育、受教程度的一個發

展，到目前為止，你們兩個要即將共組家庭，你們對未來也許丈夫有志還要繼續鑽研或是研讀，或是求取更高的學位，也許妻子認為說，這個 idea 很好，去吧！

或是也許妻子說，我可能讀這個專業，我自己也工作了幾年，並不喜歡，婚後我可能有想要轉行，但是我得先去接受一些不管是正規教育或是補習教育，對於自己的教育跟專業的發展計畫，應該是兩人都先有一個共識、可以討論的空間。

關於生活的重要議題

你可以想得到的，都可以把它列入在其他。

我想這是每一樁婚姻，每一個在套上婚戒前，應該要面對的，我們經常在約會的時候，被那一股甜蜜勁沖淡了，所以約會的時候，都不談這些主題，盡是些花前月下、你儂我儂，而一些婚姻中的大學問、大問題，沒有在婚前好好的溝通，彼此都是用猜的，我猜他應該是這個意思，我猜他會做這個看法，我以為你會知道我的心意，婚後當然問題叢生。

所以我們應該把剛剛前面十六點在婚前做深入的溝通，如果沒有辦法做到，那有一句名言說：「約會只能算是仁慈

的最大量，也不過自我欺騙罷了。」

　　仁慈，其實該離開而不離開，那個是一個可怕的仁慈，你只增加了一時的甜美，你卻沒有爲未來的關係奠定良好的基礎。所以這十六項的每一項都會影響到婚姻的好壞跟成敗，許多戀人在套上婚戒前，並不知道婚後要面對這些問題，只是隱隱約約的從約會中在揣測、在臆測對方的想法，而他們的想法、作法，居然也會轉化成精密微妙的訊息，自以爲傳達給對方了，其實也許又被對方，接受訊息的那一方會錯意了，他們都誤以爲雙方都彼此了解，但是一旦面對問題時，就知道婚前的溝通，其實是很不夠的，實質上已經傷害了即將要邁入的夫妻關係。

　　換句話說，在無名指上套婚戒時，你已經針對了剛剛所謂的十六個議題有溝通過，而且你也知道溝通過的好處是你充分了解他的想法，你也會學習著澄清自己的想法、分析自己的想法跟他的落差有多大，異中求同，同中必有異。

　　重點就是如何說出來、講明白，而且你會尋求共識和妥協，一定要有妥協的空間，否則兩個人相處不下去，不能一直堅持自己的立場，你也會試著去安排共同的計畫，去處理遇到的各種議題。

　　請你們在套上婚戒時，已經都明明白白我的心，也避免因為溝通不良而產生了曖昧、模糊、猜想，其實都已經有這個承諾，要共組家庭，應該清清楚楚的面對可能遭遇到的問題，然後必要時，一定要多增加相處時討論議題。

　　很奇怪，這可能是性別差異，談戀愛的時候真的是不食人間煙火、風花雪月，可以不用討論到很務實面，可是一旦進入婚姻，婚戒一套下去，馬上就要過日子。所以你們相處時該討論的議題還是要討論，而且能夠給雙方更大的選擇空間，包括你要不要選擇改變自己，如果對方也有提到你在哪些方面，是他所不能接受的，或是有一些想法。

　　每個人由不同家庭塑造而成的一個既定想法，對方也明白的指出你這個想法有點太偏激、太鑽牛角尖，跟這個普世的價值距離太遠、落差太大。所以你願不願意有的時候該選擇改變自己、改變想法，如果你覺得不行，我就是堅持我從小就是很固執的人，那可能這一段情誼即使走到要套婚戒，恐怕也就終止在這兒了。

　　你如果有良好的溝通，肯定可以縮短你們戀愛、結婚，甚至婚後生活間的差距，只要是溝通良好的。戀愛很美好，能夠套上婚戒與心愛的人共度一生，更美好。戀愛的美好應

該成為一生都很美好、很幸福的一個基礎，因此我們在談戀愛時，那一顆清醒的心還是要保有，甚至於要求您務實的面對婚姻中，所有可能有的問題，溝通的好處就是讓我們少用猜的、少用揣測的，更清楚彼此的想法，才能夠在踏上地毯的那一端，套上戒指的當下，決定了我們要攜手共走這長遠的婚姻路。

在這兒，我想跟各位分享一下，民國86年，一件鬧得十分轟動全國，不敢說什麼金光閃閃、瑞氣千條，不過是驚動武林的一個我在大學教書的事件，當年純粹只是因為教婚姻與家庭，也純粹只是幫同學設計一個實習夫妻這個作業，沒有考試，也不需要特別交什麼報告，只要能夠遵循老師所指示的、所介紹給大家的，我們可以把這個課上的更生動，我不喜歡光講述，或是期中考、期末考、小考，這個我想無助於你的婚姻與家庭能夠修得有多好。

我反而是在第一堂課的時候，跟大家宣佈，這堂課我們要幫各位同學配對，配對之前，也要問問各位同學，如果你原來已經有男朋友或女朋友，請勿要求配對，而是把我所規定的這四個作業，帶回去跟你的男朋友或女朋友一起做。

因為很可能妳的男朋友沒有機會修到這個課，你的女

朋友課有衝突，所以我在一開始就先請同學們每人拿一張資料卡，所謂那種3×5的、4×6的資料卡，然後請他們寫下一些基本資料之後，來開始了第一題：

你是自覺式的找實習配偶還是要我配對？希望老師配對的，在配對的地方打勾，自覺式自己找的，就我不幫你配對，你已經原來有男女朋友。

第二，你希望我幫你配的這個實習老公或老婆是一個怎麼樣的人？你總有一些期待吧？不可能沒有啊！至少自己原來的愛情驗貨單是寫什麼的啊？

大致上我希望他們能夠盡量寫詳細，我們盡量來配，其實你會發現，即使再多物理的條件合，你幫他們配合物理、外在，不見得他們就走得下去。

所以有趣的是，當我收到這至少有六七十張卡片的時候，我在一個很大的 Queen size 的床上，一一把卡片放開，因為我第一題有說，如果你是要求自覺式的話就不用寫條件，因為你自己已經有一個男朋友、女朋友，好笑的是只有在男生的卡片上，我看到男生會寫：「老師，我雖然有一個交往1、2年的女友，但您幫我配一個也無妨。」

我還在用紅筆在上面寫說：「配一個夠嗎？現在流行多

角戀情。」我當然是帶著開玩笑的口吻，我說：「專心、誠意的、忠誠的對待你的女朋友吧！你不會列入配對的。」

那剩下的，我就開始放在大床上，好好的看這個人要什麼，那個人要什麼，配對式的佔了 8、9 成，自覓式的比較少，然後你就看著他們寫的條件，很可愛的，什麼都出來的，最典型的三高、三圍這個情節都跑不了，統統出來了，就是希望：

男生寫得最好，她是文學院的女孩子、留長髮、有氣質，我也沒叫他們貼照片，我哪知道誰留長髮？誰有氣質？

然後女生寫得更可愛，希望他第一讀得科系要對，後面還括號，醫學院第一，工學院第二，中文系不必了。然後第二，具有發展潛能，也不知道是什麼意思？第三，體貼、溫柔叭啦叭啦，難免我看到的三高就是薪水比我高、身高比我高、學歷也比我高。

其實我們修課的都是大學生，有分什麼學歷嗎？也許是他想知道，對方有沒有繼續再進修，也是我們剛講的 16 點裡面的，有關於自己的教育或自己的專業，有沒有再繼續往上走的這個想法。

好，所以我很辛苦的把他們都配完了，結果發現陽盛

陰衰，男生多多了，女生太少了，很多男生配不到實習老婆。第二堂課，我一一的去問那些旁聽生，旁聽生好歹也有2、30個，男男女女都有，我一一請問女生，旁聽的，我說：「妳願不願意這學期全程參與？明明知道妳是旁聽，沒有什麼義務每堂課都來，但是老師希望妳們，也可以秉著自己可以獲益、也協助同學，我們一起來做這個作業。」，我得幫他們配對，經過我所邀請的，大概沒有旁聽女生說不的。

　　但相對之下，旁聽很多男生，大概也有十幾個上下吧！就沒辦法了，配不到對了，其實把女生全部都邀下來，還是差四個，我甚至於把我自己第一次收研究生的四個女研究生統統推下海：「妳們幫老師這個忙，正好妳們四個，老師把全部旁聽的女生也都配對了，還差四個，妳們幫忙吧！」

　　我們這個研究生有的說：「老師不行，我們是研究所，他們是大學部，年齡有差啦！怎麼可以女大男小。」

　　我當場問我的學生：「為什麼不可以？只要心靈年齡很接近能溝通，價值觀又接近、談得來，為什麼不可以？」我還詼諧的說了一句：「搞不好女大男小還是未來的趨勢呢！姐弟戀應該會蔚為風潮的。」

　　真的，這是我民國86年說的話，放到今天來看，還真

的說對了。Anyway，終於歡喜的配好對了，我以為沒有配到對的旁聽男生，下次上課不會再來，但我錯了，這些孩子們還真的有心來學。

我說：「不好意思，男同學們，旁聽的尤其，已經照顧不到你們了，我們這個女生人數比較少，只能配到這樣。」

男生還說：「沒關係，老師，我們是來學，不是來一定要配個實習老婆，何況老師，我們男生這邊十幾個，我們自己也可以玩男男配啊！」那個時候風氣根本沒有什麼同志，根本沒有。

所以就開始了第一個作業，因為我希望配對的實習夫妻，能夠坐在一起共同研修，而且是在我的督導下、教導下，我會訂主題，然後我會把作業，每次要寫、要交作業前兩、三個禮拜，我就把這次作業發下去。

第一個作業來了，請你們共同看一本書，各自寫心得，就是選一本書，兩個人同意的，然後帶回家各自看，然後各自寫一篇心得，這個要算個別的分數，誰心得寫得比較深得我心，分數當然就高。

當這個作業發下去，你就看到一對一對很陌生、很靦腆，因為他們真的都不認識，我真的很努力配，應該他們滿

意度也有七八成吧？盡量是以他們的需求為主。

　　然後當然有人會跟我反應說：「老師，那不是我理想中的伴耶，跟我預設的差太遠了。」

　　或者是過兩、三個禮拜，三、四個禮拜也有同學會來反應：「老師，你怎麼幫我配一個這樣的人？很難相處耶！都不愛講話，很沉默耶！我都要找話題。」

　　有，各式各樣的人都有，我跟學生們說：「如果配到好的，就像我們在茫茫人海中遇到對的，那算是我們走運，我們運氣好。遇到不對的，本來也正常，因為一種米養百樣人，重點是你要跟跟你不搭調、不對盤的人如何相處？」

　　我覺得這個才是一門重要的藝術，這個在婚姻當中更是，我們當然希望找到一個恩恩愛愛、甜甜蜜蜜，但是萬一相處下來，發現不對勁，這個有些習性、有些缺點，你不能忍受，但是有的時候，因為你已經有孩子，你有時候會想要不要看在孩子上面，我們和平共處，跟這種自己不是很對盤、不是所謂佳偶天成的，更要理出一套相處之道，當然如果真的是落差太大，每天演全武行、拳打腳踢，這個拳頭相向、怒目相視、有家暴，當然就不在我說的範圍內了。

　　所以第一個作業發下去，順便給了他們一張書單，因

為重點是要看書寫讀書心得，你就看到一對一對的實習夫妻坐在那邊。

「來，老師說我們要挑一本，挑哪一本啊？」就這樣一個一個看，這本不錯，這本也不錯，當然要經過協商，這就是協商的開始，終於選定了，有的說：「那怎麼辦？我們要怎麼去弄到這本書？」

「到圖書館去借。」

「唉呀！不行，這本書一定很受歡迎，別組也在討論，他們可能會去借。」

那有一個就說：「不如就用買的。」

「可以啊！那我們來買，那書錢呢？那個錢……」

「就一人一半啊！」

「嗯，也是好主意。那如果修完這門課以後，這本書怎麼辦？」

居然我還真的看到一個男生說：「那就跟剛剛書錢一樣，一人一半啊！我們就從中間撕，你拿前面幾章，我拿後面幾章。」

我站在旁邊真的是笑到不行，我偷偷跟那個男生講說：「你不能大方一點嗎？你就說沒關係修完課，我簽個名，好

夕我們做了一場實習夫妻，這樣不是落落大方，顯得很有胸襟、很有度量嗎？」

　　這是第一個作業，真的這個作業的用意是，讓男女們去知道明明是同樣一本書，章節都不會變，內容都一樣，可是男女生看完之後，寫的心得、角度、切入點是不同，男生看到他們想看的，女生看到她們有所感的地方，正好凸顯出兩性的差異。這個是很值得探討，我就是從這邊著手的。

　　各自有分數了，第二個作業來了。

　　我給他們一張叫做幸福夫妻的人物專訪報告。請他們這一對實習夫妻去選一對，他們認為，或是別人公認是最幸福美滿的一對，拿著我給他們的題綱，大題綱五、六項，小題綱十幾，二十項。讓他們去採訪，共同採訪，回來一起寫作業，呈現這個人物專訪的紀錄，一份報告，分數，打一個分數算兩個人的。

　　如果打 80 分，就是實習老公 80 分，實習老婆 80 分。同學們一定會發問：「什麼叫做幸福美滿的夫妻啊？」

　　我當年的定義是，第一：婚齡一定要在七年以上，學生馬上反彈。

　　「七年？不會吧！老師，七年有七年之癢，怎麼可以

熬那麼久？」

「老師，也許兩、三年比較合理。」

這個要怎麼說？我說你只要，這個也不是在於年數多寡，在於說他們給人家的感覺很好、很和煦、很和諧就好了。所以看到學生們，大部分都去找自己周遭親朋好友，比較少人找爸媽，應該也有，不過有個很特殊的現象是，當自覺式的情侶檔，自覺式原來就是男女朋友，男孩子修課的就說：「老師，妳這個作業好，我一直找不到什麼藉口去女朋友家看看，探望一下，探視一下女朋友的父母親，這個作業好，我跟女朋友說就是因為這份作業，我得到妳家去探訪妳父母。」

女生也有人做這樣的表示：「老師，我是女生，我根本就不敢開口說要去男生家看看，也許藉這個作業，我可以跟他的父母親有第一次的接觸。」

所以這個作業其實是很獲肯定，很多教授級的夫妻檔，如果是給學生的感覺、觀感很好，都被選為，而且通常都有5、6對、7、8對，甚至我自己始作俑者，10對的實習夫妻要來採訪我跟我先生。也就是拿著我自己設計的題目來問自己，將自己一軍。

　　不過我們是很樂於分享的，這是第二個作業。那是不是兩個作業以後，學期就過了一半了。那既然過了一半，也有相當程度的了解，然後我就跟他們說第三份作業比較特別，要求的字數不多，但是每個人都要自己寫。

　　我說：「希望你把老師幫你配對的這個，帶回家給父母親看，因為我們國人的這個兩家子的事觀念很重，一定要讓父母親看過。」有人馬上反應，男生保守、內向、害羞的還敢舉手：「老師，不要這樣啦，不要這樣啦！我們家住在很鄉下，很偏僻的，那個地方我是第一個大學生，我們那個村莊，如果我把這個女生帶回去，就表示我要娶她了耶！大家一定都會圍觀過來，那不是很尷尬嗎？」

　　那倒是真的會這樣，我跟這個男同學說：「如果這樣，那不妨你把這個老師幫你配的實習老婆，帶去給室友看，請室友也鑑定一下」

　　「室友？老師，我一個人住耶。」哦！自己單獨住外面。那好吧！那我就再退而求其次，能不能帶給社團的朋友，大學生總參加社團，要不然帶去社團聽聽大家的意見。

　　「報告老師，我進大學到現在就沒有參加過任何社團。」

　　我說：「哦、那你這個學生值得我多了解囉！你既不參加社團又單獨住，家裡又這麼保守，你怎麼去拓展人脈啊？人脈很重要的。」所以這裡面也可以看出學生的一些，人際上的或是我們說的 EQ 這個關係。

　　然後，我記得有個女生舉手：「老師，不要這樣啦。我不能把這個實習老公帶回去，那還得了，我爸爸對我們子女的教育很嚴格，我們從小三姊妹就被灌輸絕對不能交男朋友，連讀大學時候都不行，我現在還要把實習老公帶回家，我那個嚴格的爸爸一定會殺了我。」男生有，女生何嘗沒有這樣的問題。

　　所以這個裡面也正好透露了一些訊息，值得我們做參考。But anyway，無論如何我是希望他們能夠帶給其他的人看看，是由第三者來看是比較客觀。這個叫做多一點人看，就像雞蛋不要放在同一個籃子裡，風險要均攤。也配合了《論語》上面講過的嘛，多一點人鑑定叫做：「人焉廋哉，人焉廋哉」，那個人是藏不住的，因為比較多人看不同的角度。這也是第三個作業的用意，讓多一點人去鑑定。

　　第四個呢，是最棒的作業，占了四個作業的三分之一強。本來每個作業應該 25 分，我這個作業大概占了 35% 到

40%。我希望這一對實習夫妻經過一學期的相處，在期末以前能夠交出一份結婚計畫書。

假裝你們這個被老師配對的，這樣一路走過來，滿了解，很多議題都可以談，這個才是我最強調的。所有可能發生在男女之間，情侶之間，夫妻之間，你所看到，甚至你爸媽，在相處上的有一些衝突，都可以拿出來做良好的溝通。這是我這門課最強調的。

所以最後麻煩各位同學寫一個五千字左右的期末報告，擬一下沙盤演練的計畫。如果你們可以好到要進入結婚，有沒有一個結婚計畫書，因為太多的實例告訴我們，談戀愛可以談得很好，很濃密，一到結婚，不得了，所有的禮俗、細節，雙方所堅持的，以前所不曾注意到的，全部都浮上檯面。

所以這是一個很需要去面對的課題，我讓他們一定要擬一份結婚計畫書，可以想到的結婚的細節，包括要不要訂婚，訂婚要不要請客，請客要請幾桌，尤其到了結婚的時候，是男方先請，女方回門，還是一起請。那禮金怎麼收？等等的，我都要他們去思考、去協商，寫一個結婚計畫書。

終於交卷收上來了，讓我最驚訝的兩點：

　　第一，我只要五千字，可是我可以收到上萬字，甚至還有目錄，學生們很熱心的、很熱衷的跑去婚紗街，一家一家問，拍婚紗照，幾張一組的要多少錢，甚至於最後的附錄還附上飯店一桌是要七千、八千、一萬、一萬二的，酒，菸，那個時候還沒有禁菸啦。酒，菸，要怎麼算，算多少錢，這個全部的細節在後面，讓報告非常的有分量，還外加要去哪裡度蜜月。到旅行社去打聽，你們是要自助式的，還是要半自助的，還是要揪團，而且搞不好揪的團都是新婚團。

　　多好啊！真是出乎我的意料，我只要他們寫個結婚計畫書，卻意外收到很完整，很詳實的一個，沙盤演練的這份規劃，還有讓我印象最深刻的是，在這麼多，如果全班有60、70個配成對30多對，一本一本厚厚的報告改了我好幾天，但是讓我最吃驚的，是有一份交出來的叫做「離婚協議書」。

　　我說怎麼了，怎麼會有離婚協議書，我要的是結婚計畫書，打開這個報告一看：

　　老師，很高興這學期修到妳這門課，我不是要求配對，因為我有一個交往近兩年的男友，我是拿回去跟他一起做。

經過這一學期的相處，我們真的都能夠面對我們原來沒有想到的，各個層面去討論兩性之間、情侶之間，甚至要走入婚姻之間的各面向議題，謝謝老師。我只能跟您說，這份作業讓我看清楚了務實面，我跟他一學期的作業做下來：

一，我們的交友觀不合，交朋友，他認為我婚後交友圈要越小越好，以前的男生都不可以再聯絡，專心就照顧這個家。我們的交友觀不合。

二，我們的金錢觀不合，他說我的收入要統統交給他，由他來統籌，或者是我自己只可以拿一部分的零花錢，其他的全部交給他，當作家用。這個跟我的想法不合。

三，未來子女教養觀不合，他認為應該要棒下出孝子，要嚴格，因為他是這樣過來，我認為應該要民主，也許就是我們說的虎媽象媽，虎爸象爸，誰是比較嚴苛的，誰是比較溫暖的，用平和的方式。

四，我們對於婚後住處的這個地點也有不同的爭論，他認為我應該要配合他，我以他的工作地點為主，因為他是屬於那種學科技類，一定會到竹科園區，但是我家是在高雄，那時候應該也還沒有南部科學園區，而且我要找工作，以我爸爸在高雄的人脈，應該很容易找到，我不想到新竹去。

　　所以老師，就是這麼多，這麼多點，您還忍心叫我交出結婚計畫書嗎？所以我們兩個已經協議離婚，麻煩老師在本報告的最後一頁，離婚協議書上面的證人處，請老師簽名蓋章，當我們的離婚證人。」我也是翻到最後，還真的設計得很妙，裡面還有這種話：「儀式如下」，結婚有儀式，原來離婚也有儀式：一罵天地，二罵高堂，夫妻對罵！

　　我在他證人那個地方用筆，紅筆寫下說：「未曾參加過你倆的婚禮，何來離婚？」還記得是當年最有趣，而且居然還有後續。

　　這個交離婚協議書的女孩在過了一個暑假之後，九月開學，一樣的課她又來了，因為我對她印象太深刻，她是唯一交離婚協議書，第一堂課我就點她：「某某某，老師應該上學期沒有當妳對不對，妳的報告跟別人很不一樣，老師還是給妳高分了，因為妳很有獨創性，而且幫妳看清事實，妳為什麼這學期還來？」

　　這個女生很無辜很無奈的聳著肩膀說：「我就是在您這門課，把自己的男朋友弄丟了，我這學期要要求配對式，老師，妳要負責再幫我配一個回來。」真的是很可愛，這個是我當年，其實我設計的用意，就是希望他們很務實的面對婚

姻中所有可能發生的問題。

這麼立意良善的作業，卻被當時的一位立法委員光只看到名稱「實習夫妻」就嚇壞了。震驚之餘，她說怎麼會有大學教授，幫大學男女生配對啊？是不是這一位大學老師在開婚姻介紹所？而且還用實習夫妻的名義，是不是鼓勵戀愛中的男女可以同居、可以實習、可以試婚。那這不是敗壞風氣之實嗎？我們的婚前性行為會更氾濫，也許來連帶的，我們的墮胎率會提升。我真的不知道小女子我在大學裡面，安安靜靜、規規矩矩的上自己的專業的課，卻遭到立法委員在立法院質詢當時的教育部長，這個事情就變成很轟動的實習夫妻風波始末。

我至今都還把這些珍貴的資料全部保留，我要留到將來，等到我們老得哪兒都去不了，我還要一頁一頁翻著，跟我的伴侶坐在搖椅上慢慢聊，來細談當年這段往事。其實這個事件讓我上了電視，也奠定我今天間接的能夠出這個大塊文化的書。

民國80幾年，當初也只有老三台吧？應該是還沒有開放，他們有請我上去敘述始末，因為鬧得太大，每天都有十來家報紙在寫這個事件，有請成大饒夢霞說分明，大學教授

開婚姻介紹所，還好後面是問號，如果是驚嘆號，我可能就要抗議了。

因為你不了解、不明白，所以我只好上電視。結果這個是現場的節目，Live 的，好多觀眾 call in，一面倒，沒有聽到任何一個反對的聲浪，他們都覺得這個課設計得很好。因為一面倒，所以製作人跟他的同仁，在我們現場一個大玻璃後面的小房間，專門在接電話。

他跟他們講說節目只剩下十來分鐘了，我們不要再接認可的、贊許的，肯定饒老師作法，我們是不是專門接反對的，有沒有反對的人，我們再接，總要有反對的聲浪。很勉強，在快結束前接到了兩通。一通是說您的名稱訂得太聳動，一聽到實習夫妻好像，應該不會讓人家噴血吧？可把問題訂得太聳動。另外一個說我反對是因為您是在南部，您在南部民風保守，如果您到北部教，我就不反對了。

事實上後來好多大學跟我接洽，看我願不願意把這個移植到北部的，所以南北城鄉差距還是還有，甚至於香港，連香港的大學都有派三人攝影小組專程飛過來台灣，就是為了拍攝這個整個事情的始末，跟這個過程，這個事件當時鬧得很轟轟烈烈。

　　我不能說這是現世報，但是當初批評的人，我不知道她的心態如何，如果她也來我班上坐在這邊，聽著課，聽著我們這四個作業，她會不會覺得很有意義？

　　當初我在台北上節目，Live show 的時候，我們的學生坐在成大用 SNG 連線，好多同學當作第一線的這個證人，說老師上課規規矩矩，什麼，沒有什麼要鼓勵同學同居。

　　其實笑話是這麼說，我們真的有同學說：「老師妳給我們訂這四個作業，好規矩喔；每一項都要花很多時間做。又要採訪、又要看書、又要寫......」

　　我說：「對啊，學習嘛。」

　　「老師，那妳怎麼沒有規定我們實習夫妻應，該私下約會四場，起碼四次，比方看三場電影，吃兩頓晚餐之類的？」

　　我還接著說：「莫非還要睡一晚，還有生個孩子？」全班哄堂大笑。所以，看用什麼心態去看這個有意義的事情。那這位質詢的立法委員，若干年後，約莫 96 年、97 年，當他的名字再度被媒體注意到，因為他後來就沒當立法委員，也許是名額縮減，也許是沒選上，我對政治不是這麼熱衷，可是等她再出現的時候，卻都出現在地方版，跟著的是資源

回收，說她在幫她的婆婆做資源回收。然後沒多久又出現，也是社會版說遭到家暴，兩個都是高學歷的夫妻，可是好像是有志難伸，還是時不我與，沒有舞台，滿辛苦的。

　　沒有很好的、很理想，甚至是沒有工作，也許又驗證了莫非眞的是貧賤夫妻百事哀嗎？那個先生還會對太太動手動腳，所以太太，這個立法委員就告他家暴，然後再過來就是離婚，就要用離婚來收場，正在談。這一位立法委員在民國 86 年的時候，我只能用幾個形容詞來形容她：「言詞犀利、咄咄逼人、國會之花、明日之星」，身材、臉蛋都很出色，這個是至今回想起來還是很感嘆，也抱著感恩的心，謝謝她給我這樣的一個風波始末，在那個當下我大概是像度日如年。

　　每天都被有關的單位，相關的長官們找去談這個事情，要怎麼收場，越鬧越大。甚至於有學生要去靜坐，綁白布條，因爲我有一時的意氣，鬧情緒。

　　我說：「既然這個課惹了這麼大的風波，那我們就不要開啦，我們就不上了，以後這門課就絕跡了。」不得了，集體抗議不行，學生說這是一門好課，一個晚上就號召了近百人吧？都在那個聯名簽署，然後什麼白布條都做好了，他們

說第二天要去抗議，還好被我頭一個晚上發現。

　　我跟這個帶頭的學生，一個研究所的男生說：「老師是學輔導的，比較喜歡用平和的方式解決問題，事情有轉圜，我們不需要用這麼樣激烈的方式去表達。」

　　「老師，那這個課妳會不會繼續開？」

　　我說：「我跟學校協商，一定可以的。」

　　然後學校要求我，針對每天十來家報紙，新聞中心收集到的，一疊一疊的丟給我，其實裡面好多報紙都是拿別人家的報導轉述來自己做文章，看圖說故事。真正採訪我的只有一兩家，可是卻有十家在寫，然後越寫越偏，越寫越不真實，學校都把這些丟給我：「妳好好回去想想怎麼回吧，總要給記者一個答覆。」

　　我真的是回到家裡，淚水與筆墨齊飛，晚上寫，寫到兩三點，都還記得那種淚水滴在這個紙上面，墨紙暈開的那種感覺。等我寫完，第二天拿去給所謂的長官們看的時候，他們又說：

　　「這裡寫得不好，這會引起更大的誤會。」

　　「妳這樣解釋不是越描越黑嗎？妳應該要怎麼樣怎麼樣寫……」

還要教我怎麼寫，我真的很想把這個自己的陳情表，往前一推說：「那你們寫好了，你們用你們愛用的口吻、口氣、內容，你們去寫好了。」

其實學校最後是建議我能不能換個名詞，不要再做「實習夫妻」，我真的也換了，您猜我換什麼？我換了一個叫做「核心家庭，nuclear family」，但是學生的反應，這個動機、參與度、熱忱真的降很多。

核心家庭，我讓他們6人到8人一組，不像以前2人一組，我說你們一起來學習婚姻與家庭，從你可能是代表小孩，兩個同學扮演爸媽，也許還有爺爺奶奶，也許還可以怎麼樣……我讓他們去試著在這個核心家庭之間如何和平相處，效果真的差太多了，很快就無疾而終了。

這是當年事件的本末，我懷著感恩的心謝謝這一位立法委員，當然現在她不是了，現在正在面臨離婚的官司。妳給了我一個舞台，讓我有機會把這個事情作澄清，而且因此還讓媒體找上我，從此以後就邀約不斷。從《戀愛講義》到《非常男女》、《天天星期八》、《大老婆俱樂部》、《性愛學分》、《李明依放電》、《于美人放電》、《兩代電力公司》、《女人我最大》、《今夜女人幫》、《開運鑑定團》、《身體密碼》、

《青蓉 K 新聞》、《少年仔安啦》，太多這樣類似的節目，到後來的有《新聞挖挖挖》、《全民大講堂》、《爸媽囧很大》，以及上了幾次的《非關命運》。

這些節目的邀約，多少基礎都來自當年「實習夫妻」發燒的延續，這是我想交代清楚。而我花這麼大的篇幅就是告訴各位，我真的希望同學如果真的要寫結婚計畫書，已經走到那一天，戒指都準備好了，習俗禮俗你都打聽好了，因為這個都在我們的作業內，你真的覺得，這個戒指套上無名指，從此無名變有名。

什麼意思？每一個指頭都有自己的名字，大拇指、食指、中指、小拇指，就是第四指叫無名指，有人說套戒指的那個當下，化無名為有名。我們有很深刻的認識，經過充分的溝通，所有的議題我們都談過了，覺得我們可以走下去。你許諾我，我許諾你，我要把戒指套上去，從此你化無名為有名，你就是我的人，你是我的妻，是我的夫，我們要走到夫妻這條路。

這也是為什麼戒指要套在無名指上的一個原因，另外自己個人參加過一個街頭博士王的節目，主持人謝震武先生也教了我們，為什麼婚戒要套在無名指，他當場請我們做一

個活動。如果透過文字的敘述，讀者你也可以做，還滿有趣的。

當我們把左手的五根指頭、左手的五根指頭跟右手的這個，疊在一起，好，面對面，大拇指對大拇指，食指對食指，中指對中指，變成像一個山一樣，那您把中間中指，兩根中指壓下去，壓平，其他四組都還是各就各位，立著，你把它壓平、壓下去，好像是藏在這座山下面的感覺，好，而且要壓得很平，好像那個中指就變成一個平台了，而是被藏在四對的指頭下面。好，開始了：

我們的大拇指，兩個雖然按在一起，可是可以自由的分合，因為大拇指代表父母，父母總有一天會離開我們，所以它可以自由分合，一點都不難。食指代表兄弟姊妹，兄弟姊妹也總有一天會離開我們，所以食指要分合也不難。好，一次只能放一對、一組喔，不能都放開。當你把大拇指這一對、食指這一對又密合了，你再動你的小拇指。小拇指代表子女，子女長大成人，總有一天也會離開我們，所以小拇指也可以自由分合，但是沒有人，或是極少人，就算有，質也做得不好，質跟量，量已經沒有，很稀少了，質更難。

幾乎沒有人是能夠四對都密合，緊緊的壓住而中指又

按在下面的時候，而你的第四對無名指能夠自由分合的，您試試看。雖然我到現在都還是不知道什麼原因，也許是肌肉，也許是神經，生理方面的因素，那個第四指就是沒有辦法像其他三對，那麼樣自由的分合。

原來第四指真的代表很神聖的，它代表夫妻，它就是希望你們結合後永不分離。如果可以永不分離，How wonderful it is？所以跟外子結婚到現在超過 30 年的座右銘八個字是：「互不相礙，永不背離」。

互相不妨礙，那個礙是不妨礙的礙，不是愛來愛去的愛，互不相礙，永不背離，沒有相礙的心，互相要不妨礙。你發展你的，你有你的舞台，我發展我的，我們當然是說工作上、事業上，不是說感情上任你發展。可是我們永不背離，沒有生過有背離、要離棄你、要背叛你的心。永不背離的背可以寫作背部的背，可以寫做背叛的叛，叛離，還可以寫作豎心旁，在一個脖子的脖右邊，永不悖離，這個感覺真的是很美好。

希望所有人在套上戒指的那一剎那，婚戒套在無名指上，就表示你認定了對方，你跟他有約，我們要繼續走下去。

第五章

結婚證書不是鐵票

結婚證書，真的不是鐵票！

即便不是鐵票，可是結婚證書，該是一張真誠的票，代表一個負起責任的重大象徵意義。

這婚戒也套上了，典禮也舉辦過了，儀式都完成了，接受到許多親朋好友的祝福，恭喜你。可是很多人說結婚是戀愛的墳墓，為什麼？也許是婚前一時盲目，也許是溝通不良，但是只要有四個重要關鍵抓住，就知道這張結婚證書，伴隨著這四個要素，這是你許諾他的，你答應他的，你已經有承諾的。

不是光只有激情，你也不是光只有動機，要跟他夫妻親合而為一，你是有承諾，有認知上的承諾。因為這四個重要的關鍵因素是從此以後這個結婚證書代表我跟他：

第一，一定要做有目的的溝通

我一定要想盡辦法去意圖、企圖了解對方，同時我一定讓我自己也充分被對方所了解。

第二，有正確的了解了

我們了解，也彼此尊重相異處 and 相同處。尊重我們的差異性，欣喜我們的共通性，因為會走到結婚，他一定是有什麼地方吸引著你。哇，怎麼跟我這麼像？

第三，不要對他有任何負面的評價

儘管結婚證書上並沒有寫說兩人如果相處到最後，怎麼樣怎麼樣，沒有人在結婚的時候就想到要離婚，但是第三點你得有一個心態是，我一定盡量不要對他有任何負面的評價。

要揚棄批判，把它丟掉。不要用惡言相向，不口出惡言，其實這一點我在上電視節目就是說，看到一個很資深，不叫資深，很有名的藝人，不資深，她當年，她說沒有人追她。像她這種有帶狀節目的，誰敢追？

可是她卻跟我講：「饒老師，只要有那麼一天我結婚了，我一定要先跟他約法三章，在我們套婚戒，或是宣讀這個結婚證書，從此以後結為夫妻。我一定要先跟他說，我們如果婚後會吵架，可不可以答應我1、2、3。」

什麼叫1、2、3？

1、雙眼互相看著對方，深情款款之外，還是要再加深情款款。

2、你的手要伸出來，我的手伸出來，雙手緊握，深情款款看著對方，還要雙手緊握，這怎麼說？你還吵得下去嗎？

3、再開口吧，看你們要說什麼。

我希望藉著這個肢體的動作，來緩和人在吵架時不理性時怒氣沖天，講出來情緒話傷害人的這些字眼。到現在，這位藝人真的是用她的實際行動證明了她當初的想法，她落實了。個人非常的佩服。也是我在另外一個大學上課，一百多個學生票選出來最能夠當現代婚姻代表的陶晶瑩、李李仁夫婦。當年就是陶子跟我這樣說，不曉得她跟李李仁現在吵架是不是這樣？

雙眼深情款款看著對方，四隻手緊握，然後你再開口，

看你想罵什麼。通常這個時候你大概罵不出來了吧？也許因為這樣的深情款款，這樣子的雙手接觸，可能喚起你們，之前的約誓、這個約定。

第四，結婚證書真的不是鐵票

結婚證書，代表的是一個負起責任的重大象徵意義。為一個人的付出，還有個人自己的收穫，你都要擔起同樣的責任。你有享受婚姻中各項美好的權利，你也要有盡量維護這一樁婚姻的義務。

一張真誠的結婚證書，是負責任的票。訓練自己能不能夠延續剛剛的揚棄批判，不說負面的話，而能夠凡事寬宏大量，也就是一般人所知道的婚前張大雙眼，婚後睜一隻眼，閉一隻眼吧！

我們一再強調、坦承在婚姻關係中所具備的，所扮演的角色。只有兩方情侶表達內在真實的感受，做真誠的溝通，才能夠使彼此更加的親密，所以你們的溝通是要有目的，是要很盡力去了解彼此雙方的。

在結婚的當下，要蓋結婚證書的那一個剎那，聽到了這麼多的真實證言，有人說雖然我們的個性南轅北轍，卻擁

有同樣的熱情與活力，而這正是維繫我倆情感的基礎。熱情與活力永遠都要有，這一生，那個叫做 enthusiasm，英文字很棒，有 vigor，不是光放在感情，放在事業上，一樣所向無敵。

還有一對 couple，在結婚證書前面做這樣的證言：

我們雖然在許多方面截然不同，你是夜貓子，我卻習慣早起；你愛作夢，我卻非常實際；你幾乎從不為任何事發愁，而我卻整日憂心忡忡。然而，就某些層面來說，我們卻極為相似，活像從同一個模子鑄造出來似的。其實這個證言驗證了互補型真的好。

有的時候我很愛他，有的時候我很恨他，但當我不愛他的時候，常常是因為自己當時無暇他顧，我根本沒有能力付出關心，我心中很明白，我跟他命中註定應該還要在一起。這讓我們覺得懂得反省的人是有福的人，不要只去苛責別人。

有時候，我們的問題雖然不盡相同，但是共通處是我倆都有一大堆的問題，希望在未來的歲月裡，我們學會在不傷害對方的自尊狀況下，特別揚棄了負面的話，揚棄批判，不傷害對方自尊，我們一定要協助彼此應付這些難題。如果

你是完美得無懈可擊，我可能反倒覺得我會拖累了你，我沒有辦法跟一個這麼完美的，完美到無懈可擊的人相處，因為我並不完美。

　　我們進入婚姻中，如果之後有每下愈況的情形，因為浪漫的情懷，或許會在現實生活中消磨殆盡。哪天你我醒過來，方才警覺到我們竟是非常不同的人，這實在是讓人既失望又氣惱，然而，只希望經過一番徹底的溝通，我們能夠宣洩出隱藏的怨恨和怒氣，可以彼此試著重新認識對方、接受對方，因為能夠終於懂得如何愛他，用他接受的方式愛他的這種真實面貌，才是真正的相處之道。

　　而不是為了迎合他，裝扮出不願意的樣子，或是我不再強迫你符合我心中的期待，而做一些你不樂意做的事。這些在結婚證書上的證言，都顯示出相愛的兩個人真的應該要經由接受、了解，才能夠開花結果。

　　事實上也的確是如此，也真的只有在真誠溝通、深入了解、彼此接受的前提下，這一段好不容易有了一個美滿結局的愛情，才能夠發揮它應有的魔力。

　　我們調和彼此相異的特質，互相欣賞歡喜共同的特性，我們一定可以創造出積極又恆久的情感關係。所以在結婚證

書是不是鐵票這個前提下，希望大家能夠仔細的思考，這個
證書是要保證：不是鐵票，可是是一個證書；保證你在婚姻
中最大的喜悅，是在於有機會共同分享所有美好的時光。

　　有人說：如果你贏得了全天下，你沒有健康有什麼用？

　　有人說：你賺再多的錢，你的事業再成功，沒有人分享
有何意義？

　　所以我們能夠共享美好時光，一定也能夠攜手共度艱
難時刻。如果在苦難之中，婚姻必有苦難，你的伴侶並沒有
適時的給你協助，請你換個角度思考，也許他也處在困境
中，是不是他也自顧不暇，或是他也舉足無措。

　　如果我們在陷入了婚姻的苦難，失去了平衡，那個時
候，我們一味的要求，你是我親密伴侶，你理該幫我療傷，
治療傷痕，這樣的要求未免期望過高。

　　伴侶雖然偶爾可以幫得上忙，但絕非倚賴的對象。想
到自己跟老公的戲謔之語：「老公，麻煩你去幫我這個，做
這個事做那個事，要記得喔，要記得喔，我今天很忙。」結
果後來發現他還是忘記了。

　　戲謔之語出來了，叫這個「信任別人，不如信任自己
人」，或是「靠別人，不如靠自己人，而靠自己人，還不如

要靠自己。」他是我們分享的對象，可是沒有辦法全然的主掌這個整個事件的解決。因為自己最知道事情的癥結、源頭、其中的變化、困難處，所以他絕非我們倚賴的對象。何況當我們開始倚賴配偶，治療我們、修正我們、改變我們，我們卻也給了他，超過他能力所及的重擔，實在是有欠公允啊。

可見結婚證書是代表什麼？

婚姻難道真的只等於柴米油鹽醬醋茶嗎？

其實應該是在結婚之前，我們在套婚戒前我們就先協商過，彼此在婚姻中的地位，那個定位很重要。尤其像家庭勞務的分工上，也是同等角色的分工。不要完全以性別做區分，而是以雙方的能力或專長為依據，來做決策。所以能夠各得其所、各展所長、適才適性、適才適所、適性適所的展現出來。

沒有人規定說到倒垃圾，垃圾車來了一定是老公：「老公，你去啊，那麼髒的東西，你去倒呀！」其實很多男生也是有一點點潔癖的。

沒有人說這個，為孩子換尿片或是泡牛奶，一定都是媽媽的工作。男生也可以的，不是嗎？所以婚前的浪漫約

會，可能因為這一張結婚證書，而變成婚後平實的生活。婚姻不再是你想過你的生活而已，那我也想過我婚前的啊。不是光你或我，而是兩個人一起過生活，所以非常非常需要協調度。

　　沒有人能夠擔保，一旦結婚證書成定局，我們就一定擁有幸福美滿的婚姻。它是需要經營的，以下列舉婚姻幸福的特質：

相互適應，找出最適合自己的模式

　　婚姻是把兩個獨立的個體結合在一起，不論你婚前交往了多久，婚後你會發現彼此有許多不同的地方，一旦結婚，一定要有心理準備，彼此都要做些調整，找到一個最適合自己的生活方式。兩人同意，高興去做，這樣就是最適合的婚姻模式了。

獨立成熟，建立屬於自己的家庭

　　結婚後攜手建立一個屬於自己的家庭，開始有了新生活，難免會遇到各種問題。一個獨立成熟的人，應該學會不再依賴父母，試著夫妻雙方共同解決問題，也就是要自己有

主張，夫妻兩個人共同來處理自己的事務，不要再依賴長輩。

完全接受，避免愛之深，責之切

心理學上有個專有名詞叫做無條件的支持，或無條件的積極關注，是說維持婚姻要完完全全的接受對方，無條件的尊重他，不要試圖改變他，同時也不要互相苛責，挑剔彼此的毛病；這才能夠建立一個和諧的家庭。

體貼對方，常懷感激讚美之心

若夫妻雙方都常懷著感激對方的心意，不要認為對方為我們所做的任何事都是理所當然的，你要能適時表現你的感動，一個體貼的動作、一個感激的眼神，都會讓他感到無限的溫暖與安慰。

記住，不要因為忙碌的生活，而忘了關懷我們最愛的人，時時記得感激配偶為你所做的每一件事，並且讚美對方的好處、優點。

美麗迷人，永遠為悅己者容

美麗的人是大家都喜歡的，美麗的外表有讓人家賞心

悅目的感覺。即使親如夫妻，也應盡量保持外表的整潔美麗、討人喜歡。很多人都覺得是出門才要修飾打扮，在家可以隨便一點。事實上，其實自己的外表也要形塑得迷人，個性又迷人，關懷又熱愛你的配偶，小心維護你們的關係，那麼你們的愛情就永遠不會褪色了。

學習溝通，確保婚姻的成功

再三被強調的溝通，因為優良的溝通才有成功的婚姻。彼此雙方學習開放、懇切、誠實，用這個當基礎去做溝通。

除了言語的溝通，還要非言語的溝通，多做一些有建設性的溝通，減少破壞性的批評。非語言的溝通包括眼神，包括肢體動作，一個親密的這個接觸，拍拍肩、拍拍臉頰，當然你要看機會，看時間，不要反而弄巧成拙。

一起成長，永遠互許為最佳拍檔

很多婚姻之所以發生危機，是因為結婚久了，雙方改變的方向和速度不一樣。因此，即使有一方是不再外出工作，也不再繼續深造，教育和專業的進修也放一邊，也應該

要督促自己永遠保有最新的知識，多注意周遭一些訊息。

　　閱讀報章雜誌，多聽演講，多跟別人接觸，多與配偶溝通，分享你看到、觀察到、聽到的這些心得，讓對方永遠了解你的想法，了解你的改變，兩人一起成長，一起改變，讓彼此的感情更加濃厚，保持你們兩位是最佳拍檔。

要維持自我，不要成為彼此的負擔

　　結婚後有共同的活動，但是也應該可以擁有各自的一些嗜好，有共同的朋友，也應該保有原來各自有的朋友，夫妻應該是互為伴侶的，不要過分依賴或過分牽制，不要互相綁住，而是要多多幫助。

　　前兩天跟一群畢業已經三十多年的國中生，三十多年前我教過他們，我們一起聚會，大家太開心了，聚了四五個鐘頭還不肯結束，換地方續攤，其實這裡面只有兩三位男士，其他十來個都是女士。

　　有一個女生就這麼說：「我老公真的好棒，好疼我。他說你們難得辦個國中同學會，而且又有當時的這個英文老師，妳去妳去。孩子我來，我來照顧，我來接送他。」因為孩子已經讀小學，有在上才藝班。

可是我們這個聚會一直聚到超過半夜 12 點，你就看到陸陸續續，每個人的手機都響了，可是剛剛這位女主角卻說：「我老公只問我開不開心，他沒有說叫我幾點要回家。」

因為別人的都說：「現在已經超過 12 點了，你幾點要回來？」她老公卻只問說妳開不開心，難得同學聚會，就只這樣，沒有要求的意思，希望祝福她很 enjoy 這次聚會。

所以呢，我們不要過度依賴對方，不要過度依賴彼此，那會變成負擔的。所以維持自我，保持獨立，在婚姻中仍然是很重要的。

興趣相投，發展互補的需求

其實我個人以為這是我自己多年的心得，沒想到美國的心理學家 Winch，他也發現夫妻間的需求互補，是維持婚姻最長久的基礎，因此能夠發展互補的需求，就是一方所有恰為另一方之所需。

這個是在價值觀、態度、興趣方面，你能夠很一致，但是卻有互補的需求，也許是興趣上的、也許是嗜好上的，他所專長的我不專長，我拿手的他可以欣賞，這個是人生旅途中，發展互補需求最佳保證。

個人的目標外加共同的目標

雙方都有足夠的自由來成長，來追求個人生命中的目標，但也應該發展一些共同的目標，通力合作、共同努力，那麼雙方的感情必能夠日漸上升，這個婚姻才更有意義。

我知道有一對夫妻他們共同的目標，因為他們都喜歡投資，小投資變中投資、變大投資，都很喜歡研究。但是我也知道另外一對夫妻，他們是說用置產的方式，太太寧願下班後再去兼差。而把兒子交給老公，因為老公崇尚自然、淡泊名利；總覺得太太非常的入世，先生比較出世，用竹簍背著孩子就到農人市場，就到田埂、就到花園去逛，這個太太真的很辛苦，也不能說她不為家裡付出，她去兼差，靠著兩份薪水外加兼差，一會兒買個溫泉小木屋，買個小別墅，買塊地，沒想到結婚二十年還真的置了很多產。那都是因為先生在家帶小孩，太太喜歡兼差，可是卻也導致價值觀的落差，這一對婚姻終究沒有圓滿的結局，結婚二十年離婚了，而且這個男生是一心求去，什麼都不要，妳放我一個自由就好。

因為他沒有辦法跟價值觀越來越遠的太太一起，忙到

沒有時間跟孩子聚，沒有時間跟老公聊。只要有人一 call，
她馬上就去，因為她覺得這是賺錢的機會。

那是不是在金錢觀，或是生活的舒適度上面，已經產
生了很大的 gap，代溝。所以他們的共同目標要是彼此協商
過，是價值觀認許、認可下發展出來的。

一定要安排時間，找出共處的時光

學會有效的支配時間，務必找出一些共處的時光，做
一些兩人都愛做的活動來增進彼此的感情。不要因為過於忙
碌，而犧牲了彼此相處的時間破壞了彼此親密的關係。

有一個驗證到親子關係的說法，說父親很忙總是在外
面埋頭苦幹，努力的工作，為了賺錢養家，他犧牲了跟孩子
的相處。可是等到他有錢了、有成了，他想回頭培養跟孩子
的感情，但是關鍵時期過了，孩子甚至心生抱怨，所以不要
因為太忙而忽略了，也要經營彼此的關係，一定要挪出時
間。

這也是我自己勉勵我自己，我總是愛假演講之名，行
全家人玩樂之實，或者是到哪個風景名勝區去演講。能夠請
他們幫我們把單人房變成雙人房，把一張床變成兩張床，因

爲也許孩子跟我們去。或是現在孩子不在身邊，我也很希望
先生，比方說我要去外島，我們就一起去澎湖度個小假吧！

　　我們一起去金門走走逛逛。到花蓮、去台東，只要能
夠配合得好。同樣的，先生也會說他的工作需要，要去俄國
出差、要去澳洲雪梨、要去韓國首爾，只可惜我一直配合不
上。因爲他們的時間比較容易變，然後我的行程都已經滿
檔，這是滿遺憾的。所以現在我已經在規劃明年，如果還有
個二度造訪俄國的計畫，我一定要趕快把那個時間挪下來，
block 起來。

能夠衝突解決，避免破壞性的爭吵

　　衝突解決，避免破壞性的爭吵，夫妻的吵架衝突是無
可避免的。但是重要的是不要將衝突擴大，要積極尋求解決
之道，夫妻之間沒有絕對的輸和贏，有的時候你自以爲你贏
了，其實你才是眞正的大輸家，因此當夫妻面對衝突和挫折
時，一定要用正面的方式來解決，把話用婉轉的方式，不傷
人的方式講出來，但是要講得透徹、徹底，千萬要避免破壞
性的爭吵。

　　用到情緒化的字眼傷人，罵人家豬腦、你神經這種，

還有更不堪入耳，入目的字眼我都聽過，經常有這麼個畫面是愛爭吵的夫妻又來了、又找上門了。鬥嘴鼓夫妻莫過於此，鬥嘴鼓的夫妻，很愛吵。但是你每次吵有建設性，知道對方在意什麼，下次不再踩這個地雷區，也不枉這一場爭吵。

所以當這一對夫妻坐下來，我說：「哦，你們這次，先不講這次好了，上次吵的那個議題，後來解決了沒有。」

夫妻兩個互相看一下，都很莫名其妙、表情種呆滯的說：「我們上次吵什麼？」

太太說：「我不記得耶？」

先生說：「我也忘記了。」

可是太太馬上說：「我記得你罵我死三八、什麼不要臉的女人……」

先生馬上回嘴：「我也記得妳罵我沒路用、沒出息！」

火氣一上來，這種情緒化的字眼永遠都跟著；這是一定要避免的。所以結婚證書不是鐵票，可是一張真誠的票，你有這「法寶」，就真正能夠讓夫妻關係邁向最理想、最幸福的一個婚姻的特質，有這些婚姻守則護航，相信這張結婚證書，就變得有意義多了。

第六章

鶼鰈情深儷人行

鶼鰈情深儷人行，牽你的手，走我們的路，執子之手，與子偕老，不離不棄，伴隨終生，都是新婚夫妻夢寐以求的一輩子最佳婚姻關係。

這邊提出一個「345+10」的口號，來跟各位做一個分享：

如果想要鶼鰈情深儷人行，長長久久走到終，首先你不要被社會 3 個不好的風氣所影響，哪 3 個呢？

345 的 3：

1，你在婚姻中居然還只想到自己，表示你是一個太自我的人。

2，如果你思考到你的另一半，希望他這樣好那樣好，這個出門貴婦、在家煮婦、床上蕩婦，你要求她十全十美，那表示你太求全，求對方十全十美。

3，你們的生活，婚姻生活過得太嚴肅，No fun at all 一
　點都不好玩，不懂得去製造浪漫、製造情趣，放兩
　個人婚姻小假，把孩子交給別人，或是固定的一
　季、半年、一年，都有一個旅遊的計畫，至少離開
　家到外面，這個不同的情境會有不同的感受。

所以這個3，是我們不樂意看到各位被影響到的，千萬
不能太自我，也不能太求全，更不能讓生活太嚴肅。

還有一個3是希望恩愛的夫妻，如果一旦吵架，記住3
個原則：

1，不念舊惡。

2，不翻舊帳。

3，趕快道歉。

不念舊惡，就是當下就針對什麼事情引起我們意見上
的不同衝突，當下溝通，不要再把八百年前當年結婚的時
候，你媽怎麼說，你爸怎麼說，你姊姊說什麼，你弟弟怎麼
樣，你連舅舅都來了，你把一些不相干的人統統都拉進來
了。

我自己因為幫公婆，買了一個有電梯的大廈的時候，
有一個很委屈的事情就放在心裡，放了九年，如果不是農曆

年有機會上電視，也被主持人于美人小姐很會帶領、很會製造氣氛，或是她自己的自我揭露，也影響了我們，我是不會把這麼多年的秘密說出來的。因為那已經是舊惡了，我已經不念舊惡，我也不想去翻舊帳，只是無意中講出來，卻沒想到殺傷力無比大，讓我民國 100 年的年過得很悽慘。

　　但是因為知道在哪裡可以止血，不要讓它再擴散開來，所以還好大概只有三四天的效應，那個最凶的時候，一旦揮發掉了，蒸氣蒸掉了，你不想再波及到週邊的人的時候，事情自然所謂的止於智者，所以這個怎麼說，我們不念舊惡，卻還要八九年後把它提出來，無形中自己也犯了這個錯。

　　不念舊惡又不翻舊帳，就是就事論事，當下眼前把你的意見充分表達，我注意聽，你講我一定認真聽，我不要插話，我等你講完，我再講。吵架通常都是對方講沒兩句，你就槓上了，你就把你意見表達出來或說你不用說了，我早就知道了什麼什麼。其實你知道的不一定是正確的，所以不念舊惡、不翻舊帳，然後趕快道歉，即使理是站在你這邊，你還是很有修養的跟你的配偶說：「對不起，我錯了。」如果男生說不出口的，幫她沏杯茶或者是泡杯咖啡，或是買朵玫瑰花投其所好，這樣也是可以的。

接下來希望鶼鰈情深在儷人行的時候，不要被社會上的橫行的 4 氣所掃到。哪 4 氣呢？

1，驕氣太重

已經都成夫妻，甚至已經做到父母了，還一直回想說，如果我在我娘家就怎麼樣，以前我爸媽怎麼對我什麼的；或者是男生這邊他在事業上有所表現，當個什麼長、總監、董事長、主任，這個什麼召集人，很大的頭銜他會帶回家。

好比那個到國外求學拿到博士學位的老公，居然跟老婆說：「以後你煮完飯，我先吃，孩子可以跟我一起吃，但是你要最後吃。」真是不可思議！

這也是希望不要有那個驕傲之氣，或是馬字旁的驕，變成女字旁的嬌，女生的嬌媚，這個可以用在對的地方，不要再把以前還沒有出嫁前，原生家庭如何照顧你，把你當掌上明珠的那種嬌氣帶過來，那就不妥。驕氣勿太重。

2，習氣太差

你的習慣不好，不曾進入婚姻的你，總覺得我自己愛怎麼樣就怎麼樣，礙不著別人啊！我喜歡這邊丟、那邊丟，

反正我自己找得到就好。

可是當你跟另外一個人組成家庭，東西該要放回原位就放回原位，因為另外那個人會找不到，有些不好的習氣，會因為兩個人的相處而變成摩擦的來源，所以習性要改一改，對方很在意你什麼，你就把它做一個修正，不是一天、兩天改得過來，可是有看到你在改的誠意就 OK 了。

至少我知道剛剛很抱怨的，之前說過一個很抱怨的妻子說：「為什麼女人註定就一定要去包容男生的外遇，一次不夠，還要因為家長出面，再繼續包容？」

其實她說，她的先生在第二次外遇之後，也是非常懺悔，明明大家都已經組公司，遠離了這個女老闆的地方，在另外一個城市了，那先生就一直叫這太太：「妳給我機會做，我表現給妳看。」她說目前是還在過渡期，丈夫是有改進，比方回家的次數多了，也會幫孩子換尿片，甚至於有些家務事他從來不碰的，也會至少關心式的過來問一下：「太太，有什麼需要我幫忙嗎？」那當然就義不容辭的說：「麻煩你做這做那。」妳看他誠意如何。

這位女士自己說：「有，看到先生有些微的改變。」

我說：「這樣也值得肯定。」

可是她問我說：「不知道能夠持續多久？」

我說：「那我也不知道，至少妳已經一次機會給他、兩次機會給他。」

這位女士有說，她有跟先生協商好，只要再犯一次錯，沒有第二句話，因為這個女生說了一句很嚴重的話「我隨時做好準備離開了！」

我已經做好了隨時準備離開，這句話聽說發揮很大的功效，把先生嚇到了，所以先生會不由自主的在這個比較大的5歲孩子面前，不管他聽得懂聽不懂，常說：「你媽媽將來有一天會離開我們的。」其實這一位男生應該先檢討，只要你不再犯錯，這一天永遠不會來。

3，脾氣太大

這個345的3是莫讓驕氣太重、莫讓習氣太差之外，莫讓脾氣太大，脾氣大的該改一改了，兩個人在一起，一定是很多的包容，你不能任意肆為、肆意而為。

你不好的脾氣，這個看到打雷就會下雨的，看到刮風，就認為是什麼大海嘯來的，一點點小毛病你可以把它擴散得很大，要不得，翻臉比翻書還快的人，更要不得。

4，怨氣太多

怨氣是來自什麼？愛比較、容易抱怨，為什麼你不像人家隔壁的那個林太太怎樣怎樣，或是太太數落先生，人家那個斜對面的那個張先生最近又被拔擢、又升了，連薪水也增高，你看他們家都換車了，這些都很沒有意義，你如果愛比較，你的抱怨會隨之而來，而且永遠比較不完，當然也抱怨不完，這個人外有人、天外有天，比不完的還是有它的道理在。

這是是所謂345的3、3、4，在接下來的5，我們要提出來鶼鰈情深儷人行，要讓5個很有力的，powerful的5股力量，在你們夫妻之間、感情之間流竄：

1，多情

多放感情在對方身上，不是叫你多情多到外面去了，變濫情了。多用點心、多用點情，第一個多情。

2，多趣

多把你們的婚姻生活經營得有趣味一點，所以還是要

安排兩個人的甜蜜時光，重溫往日恩愛，這個有關於多情加多趣。我是半開玩笑地說，多情加多趣，那不就等於常常要去逛情趣商品店，這個也是眞的喔！夫妻之間這種事也是，也許看看一些人家拍的成人電影或是什麼的。或是有一些情趣商品，眞的可以助興，不管是高興的興，還是 sexy 的這個性，都可能有幫助。

3、包容

不同的兩個背景來的人，要生活在屋簷下朝夕相處，而且還有打算跟他白頭偕老，一定要包容。

他不是你們家長大的，他沒有辦法像你這樣，從小就這麼愛乾淨，你們的家族可能是一塵不染的，東西都放回原位的，也許對方是來自於一個家庭也不是這麼樣的寬闊，比較擁擠，很多東西都必須層層塔塔疊起來，比較不會整理空間的。我不是在說別人，我是在說我自己。

本來我跟先生的書房是在 4 樓，一人半間，一進去就看得很清楚，他的書桌井然有序，東西擺得整整齊齊，我那邊好像是大山、小山，還是大珠、小珠落玉盤。所以我們家發生過有趣的事情是，老公在台北出差，忘記帶一份資料，他

可以打電話回來，請我把他的書桌打開，找到第幾個抽屜，抽屜裡面又怎麼分，找到左邊、靠左內側的有一疊什麼東西的中間，你幫我拿一個東西出來，然後看是打開電腦幫我把這個資料就送過來怎麼樣，他可以遠遠地指揮你，遙遠而都無誤，都沒有錯誤。

而我不過只是要去 Shopping 而已，我 Shopping 的時候不一定非要拖著老公，我覺得我們女生是可以自己來，很多人是不喜歡逛街的，所以當我要開著車去大賣場 Shopping 的時候，突然想到昨天晚上辛辛苦苦寫的那一張 Shopping list，要購物的單忘記了，這沒有帶的話會亂買的，這個很不經濟的，這個是持家賢妻所應為的，我就按個室內電話到4樓。

先生在書房裡，他接起來，我說：「老公我可不可以麻煩你，我昨天寫的購物單忘記帶，你幫我送到樓下來，好不好？我就要出門了。」

老公說：「在哪？」

我說：「你不是看到我面前很多堆嗎？有高高矮矮的，在比較矮的那一堆的靠右邊的，有點突出來的，你在那個上面看一看，應該會看到。」

　　我老公說他是怎麼看都看不到，還逼得我非得要再從 1 樓到爬到 4 樓，然後我就知道在哪裡，很準，手一伸出去一抓就是購物單，很得意的跟他炫耀。他看到我的東西這麼多，幫我添購櫃子，大櫃、小櫃、高櫃、矮櫃、長櫃、短櫃、寬櫃、那個小茶几頭、什麼櫃子都有，可是那叫做買得越多，擺得越多，最後我們老公說乾脆這 4 樓的書房通通給你，我去 2 樓的電腦房，電腦房就當我書房好了，這間書房全你的，我這算贏得了勝利了嗎？他算淪陷了嗎？被我趕走了嗎？

　　其實是習性很不同，多年相處下來，也知道他很不喜歡吃過夜的食物，總喜歡倒掉，我們家從小就覺得熱一熱再吃，不要暴殄天物，這個我們也修到了，我自己也修到了要去調整，如果那個東西真的是過期，或是看起來已經沒有什麼賣相了，什麼色香味都完了，自己就忍痛丟把，或是我跟先生講過：「你要倒什麼你就倒掉，不要讓我知道，屍體去哪我都不想關心。」

　　這樣也就好了，這幾年相處下來，倒也相安無事，但我做了一點點小改進，就是每天晚上我要睡覺前，一定騰個 10、15 分鐘，稍微把家裡收拾一下，有一次不小心收拾得

太過分，不但東西擺好了，連地板我都擦了，我是很少掃地的人，先生下樓的時候，腳不敢踩地板，一直說：「這個地上會發亮，我們家地上很久不發亮了。」

我說：「老公，那是因為今天凌晨仙女來過了，仙女幫我們做的。」他當然知道什麼意思。過兩天我也發現堆在碗槽裡，好幾餐的碗，本來堆得高高的，全部都清得乾乾淨淨，放到了那個烘碗機裡面，我也一樣很驚訝說：「老公，這些碗？」我先生說：「昨天晚上你在外面忙演講的時候，有一位仙子來我們家了，來過了，把這些碗也都給洗了。」當然是他，這是相處之道。

4，信任

用 5 個主要的 power 來經營婚姻，要多情、要多趣、要多包容外，要多信任。

除非，我們再三強調，除非你嗅到什麼、你觀察到什麼，你手上有什麼證據，否則請你不要無中生有、疑神疑鬼，那確實是有的話，你就去查清楚，也不要讓自己在這個懵懵懂懂中，總是變成最後一個知道的，該要面對就面對吧！這是所謂的信任他，不能 100%，至少有個 80% 左右

吧！也許可以讓他保有一點私人空間，但是這個保有不是一種外遇、有小三的秘密。

5，知足

因為你不愛比較，所以你比較知足常樂，像台語所說的：「醜醜尪吃不空」，或者是先生看到我們這一型的，這個相貌平庸、身材愛國，還長得有一點抱歉，可能認為這個最穩當安全吧，都不會跑掉的。

所以 345 叫做：多情、多趣、多包容、多信任、要知足！

還有一個 10 帖良方，是我更喜歡的，經常學生結婚的時候，只要請我去當證婚人，或者是當介紹人，或者什麼人都不當，只是當個來賓致詞，我都非常喜歡把這十帖良方送給大家，那個叫做鶼鰈情深莫過於此，因為 1、2、3、4 帖，頭 4 帖環環相扣，缺一不可，第 5、第 6 帖是我跟我先生最喜愛的 our favorite，第 7、第 8 帖是消極相對積極，有不同的作法，第 9、第 10 帖是每天都要落實的，誠誠懇懇的去落實在婚姻生活中。

我們現在從第 1、第 2、第 3、第 4 的環環相扣說起：

第 1 帖：常懷戀愛之情

常常去懷念、懷想戀愛時候的甜甜蜜蜜感情，恩恩愛愛畫面，沒有人強迫你們結婚，應該都是出於自由意志、意願，不要因為結婚了，被這個三餐或是被家事繁瑣而弄到都忘了婚前的那股甜蜜勁，所以要常懷戀愛之情。

第 2 帖：常保新婚之蜜

保有新婚時候的甜甜蜜蜜，不妨二度蜜月、三度蜜月，有個特殊紀念日，現在的年輕人只要一旦認識，滿一周還有一周紀念日、滿半個月也有半個月紀念日，滿一個月、兩個月，最近我還聽到孩子跟我說：「媽咪，我好不容易在慶祝單身周年、單身滿周年。」

原來她身邊一直不乏追求者，她也覺得有點累，也沒有自己的時間、空間，反而這一年沒有任何情感上的一個繫絆，她覺得她想做什麼就做什麼，一個禮拜跳舞 5 次、6 次，跳到多晚也不用跟人家報備，想做什麼，可以到夏威夷去、可以到西班牙去等等，好像各有利弊。

第 3 帖，常保忠貞之操

忠貞的操守要守住，常守堅貞之操，應該這樣講，常守堅貞，守住堅貞的操守，兩方都要守，不要只叫女生守，而男生不用守，這是很不公平的一件事。

男生在外面有小三，拈花惹草，人家還會翹個大拇指說：「不就風流成性嘛！」女生只要這樣稍微一個不檢點，馬上被人家嗤之以鼻的叫：「下流啊！從沒看過這麼像她不要臉的女人！」

所以其實常守堅貞之操，是夫妻雙方都要守，丈夫也許是因為工作機會、出國機會，常常可以接觸到不同的異性，那你就更要為在家裡，替你守著家的妻子著想。你在外面出差、旅行的這些日子，是誰在家照顧父母或是小孩，這種感恩之心，總該要有的吧！

感情最早是友情，後來變愛情，然後再變成結婚後變成親人，有親情，親情一直發展下去，鶼鰈情深的親情，最後一定是帶著有恩情，非常謝謝你為這個家貢獻這麼多，謝謝你考慮到我、想到我們的家。

第 4 帖：常負教子之責

孩子的責任兩個都有，不要只推給一方，因為通常都是說教孩子是媽媽的責任，父親千萬不要在孩子成長的過程中缺席，否則你賺得了全天下，孩子卻跟你不親，我想這個很划不來啦！

所以這個常負教子之責，兩個人都可以一起協同照顧，或是輪流替代，讓另外一方有喘息的機會。

第 5&6 帖：存體諒之心感激之意

4 個環環相扣之後，先生和我最愛的，叫做：「常相體諒之心、常存感激之意。」常常生出體諒的心，你體諒我我體諒你，他體諒我演講這麼多，每天早上起來梳洗完畢就要出門，會很體諒你的把早餐、飲料，吐司夾蛋、水果都準備好，放在駕駛座位的旁邊，讓你一邊開車，能夠一邊享用他親手做的早餐，真是謝謝他這一番體諒。

我也體諒他，他沒有別的休閒娛樂，最喜歡回家就可以倒頭就睡，他有時候還撐著撐著說要陪我，我說：「不用了，老公，感覺你身體在陪我，心都在床上，上樓去吧！」

他說：「那不好意思。」

我說：「不會，go ahead，你去睡。」

可是發現老公打鼾太大，也是我的困擾，好幾次覺得應該先去睡，睡著了就聽不到了，可是我想這非他所願的吧！夫妻雙方，都應該要有常相體諒之心、常存感激之意，感謝你為我做這麼多，謝謝你為這個家付出這麼多等等，經常不管是用言語、用這個文字、用卡片，用這個冰箱上的磁鐵，黏著一個字條，放在他公事包裡，他出門前看得到貼在哪裡，他駕駛座位旁邊，很多機會你都可以表現出你的感激之意，謝謝他對你的體諒。

第 7&8 帖：包容他的缺點；常投對方之所好

然後第 7 帖跟第 8 帖可有意思了，消極和積極，消極的來說，常容對方之惡，包容他的缺點；常投對方之所好是第 8 帖，投其所好。

所謂的包容他的缺點，是還有分大缺點跟小缺點，生活習慣的不同，可以叫做小缺點，牙膏中間擠無妨，我們從後面再擠回來就是了，毛巾用完也不放回原位，沒關係，有時候有點變化也還滿好的，多樣化嘛，從欣賞的角度來看。

這個馬桶上完又不替女生著想放下來，一點都不體貼。因為家裡三個男人，我們就一個女生，這個少數服從多數，我們自己把這個馬桶蓋放下來就好了，順便鍛鍊腰身，也是一種運動啊！

這種生活上的我們叫做缺失、小缺點可以包容，但是如果是那種吃喝嫖賭，酒色財氣，沾毒又染賭，或是習慣性的外遇，這些我個人都覺得不必包容，包容會變成縱容。

除了消極的包容他的缺點，更要積極的投其所好，他喜歡我們做什麼，我們就多做什麼。來說個真實的案例：

一個40多歲的媽媽跟我抱怨說，老公下班最喜歡去逛鞋店買鞋，是先生需要很多鞋嗎？不，是先生每一次只要去逛鞋店，都要幫太太買回一雙非常的精緻，甚至有亮片，然後3吋以上，上面一定是有帶子需要綁來綁去的，做的很細緻、很女性化的高跟鞋。

這個女士跟我抱怨，我說：「那有什麼，送妳鞋還不好？」

她說：「不，我老公要我穿著鞋子炒飯，穿著高跟鞋炒飯。」

「什麼，炒飯？妳們家的廚房的爐灶、灶臺、料理台

是很高？還是妳太矮了，這個鍋子在上面炒不到，要穿高跟鞋？」

實看佾懂就懂了，為什麼還要穿著高跟鞋炒飯，你們炒飯的時候是站著炒還是躺著炒，如果站著炒會炒，那就太厲害了，那既然是躺著炒，為什麼還要穿高跟鞋啊？還要這鞋帶綁來綁去？看起來是非常的性感嗎？

我想了一下，我跟這女生說：「妳丈夫應該是有某種視覺上的，很喜歡觀看這種很 sexy 或是很美好的事物，妳腿這麼修長，穿起這個一定很好看。」

她說：「老師還幫他講話，跟他一樣變態。」

我說：「不不不，我只是在講他為什麼幫買了三四十雙，妳一雙都沒有穿，這樣是不是辜負人家好意。」

「妳要我穿喔？」

我說：「妳穿穿看啊！因為效果如何不知道啊！」

沒幾天，這位太太打電話來了：「饒教授，早知道就穿了，何必浪費這些時間。」

我說：「怎麼了？妳說說看。」

她說：「我那一天有穿，晚上就滿足了。」

真的是投其所好，他就說他喜歡視覺的享受，所以他

特別帶勁，兩個人都非常的滿意，第二天請假不去上班，在家裡，先生把三個孩子送去上學，接送平常都太太負責，中午還去外面買太太喜歡吃的東西，然後請假在家裡，就洗衣服、洗碗。

太太跟我講話的當下，還得意的說：「他現在正在拖地板呢！老師，如果早知道有這麼多的好處，我早就穿了。」

這叫投其所好，每個人都有他喜歡的嗜好，我也是在做了好多年的太太之後，才發現男生這種視覺型的動物，眞的很喜歡看一些比較養眼鏡頭的，不管是寫眞集或是Playboy，所以我曾經很勇敢的試著自己買，假借先生的生日或是什麼什麼紀念日的，去買過幾本寫眞集送他，他非常非常的開心、高興。

有時候我們都感嘆說：「這一陣子好像沒有看到比較好看的寫眞集？」這也是投其所好。那我先生投我所好的話，他知道我很喜歡吃刨冰、剉冰、蜜豆冰，我這個人很愛重吃，或者是我喜歡吃釋迦，芒果等等。土芒果還優於愛文什麼金黃的，他也會投其所好的伺候我、取悅我，這是很好用的7帖8帖。

第 9&10 帖：說話要誠懇

常用誠懇之詞，才能夠常回尊重之愛，回到對方最尊重的愛，因為你沒有企圖要改變他，把他形塑成你要的樣子，你尊重他原本的個性，他有缺點，他有優點，他有些就是沒辦法改變，你不要去挑剔他的長相，你不要給他一筆錢叫他去整容、整形，這很傷人。

講話誠誠懇懇、就事論事，不在人家傷口撒鹽，不亂踩人家地雷區，不戳人家舊傷，然後常回尊重之愛，必定能夠回報彼此雙方最尊重、最可貴的愛，這就是可以讓鶼鰈情深儷人行。

儷人行走得長長久久，至少我走了 31 年，應該還有另外一個 31 年，第三個 31 年就難說了，那得活得夠久。對婚姻我很有信心，執子之手，一路平順的走下去。

所以我用這 345 原則以及 10 帖良方來詮釋鶼鰈情深儷人行，也祝福你找到合適的他，因為對的時間，你遇見對的人，這是你一生的幸福。

但是如果你在對的時間去遇到錯的人，是一場心傷，你在錯的時間遇到對的人，那是一生嘆息啊！

　　原來你遲到了，嘆息一生，最怕是你錯的時間遇到錯的人，那真是一段荒唐啊！不堪回首的荒唐，所以我們希望大家是在對的時間遇到對的人，知足惜福的牽你的手走咱的路，用十帖良方一起走下去吧！

第七章

孩子，是愛的結晶？
綑綁的鎖鏈？

　　做情人享受談戀愛的樂趣；做夫妻，可以享受兩人甜甜蜜蜜的世界；但是到了做父母，孩子來了，就是蜜月的結束，真的是這樣嗎？

　　孩子，到底是愛的結晶？還是婚姻中企圖藉以綑綁彼此的鎖鏈？這是一個見仁見智的問題。

　　在婚前，單身生活的自由自在或無憂無慮，其實是很多人經常回憶的美好時光。

　　這個單身生活，也包括你有了一個很好的對象，但是還沒有考慮到走入婚姻，而走著走著，終於有緣、有因、有分可以變成夫妻了，當結婚時的兩情相悅，一起過著甜蜜的日子，到這裡其實都是沒有那麼大的責任與負擔的，然而，當孩子來報到，家裡除了洋溢著喜悅之情外，其實夫妻的角

色已經開始有了很重大的轉變，家庭生活更是步入了另外一個挑戰階段。

如果你是以期待的心情，而且是婚前就溝通過，我們需要有另外一個成員加入我們的生活，看著他遺傳我們的基因，遺傳我們很多類似的一些特質，其實這是一件滿喜悅的事，但是如果你們婚姻經營得不妥當，或是心裡都還沒有準備好那孩子就來報到，甚至因為誤解結合、了解分離正在鬧得不可開交，突然發現孩子來報到，那到底怎麼辦？這邊我有兩個真實的案例：

一個是某女士喜歡了一個生性比較風流的男生，結果她發現自己懷孕了，她就拜託這個男生說：「好歹要給孩子一個姓氏。」所以千拜託萬拜託，因為那個男士不是只有交這位女生，那男生很賤的說：「好，那就結就結吧！等到那個孩子一出生有了姓氏，我們就離婚！」居然這樣子做婚前協議！

本來是說一生下小孩就要離婚，結果大概又捨不得，還是說太太又做了一些這個央求的動作？所以大約是在這個小女嬰滿周歲的時候，這個爸爸真的就跟媽媽離婚了，而且後來爸爸還另外再組一個家庭也又生了小孩。

　　這單親媽媽從此就帶著這位女兒，結果這女兒在媽媽全力栽培下，應該說母親的個性是那種比較認命、也守分，憑著自己的力量上班或者是請阿嬤、外婆幫忙帶小孩，從小這個女孩就沒有讓單親媽媽失望，國小畢業非常優秀，國中畢業也是一樣保持優異成績，結果到高中進入了一個人人稱羨的有名高中。

　　這個女生發現怎麼這麼多高手在班上，她居然開始因為自己拿不到像以前那樣的好名次而開始憂鬱、得了憂鬱症，結果帶去看醫生，醫生說得服藥。那吃了藥就有副作用，所以這個女生她就在高二開始，不再是很優秀，因為她說她常常昏睡，就在這個有名的女校裡面昏睡了一兩年，居然還可以考到國立的大學。

　　因為一個特殊的機緣跟著這個女生認識了，也幫她做了一點這個諮商輔導的工作，那個女生因為我們接觸頻繁還有她自己很願意尋求協助，她母親也跟她說：「妳這樣很固定的看醫生很好，但也要吃藥。」女生都有照做，也許大學的壓力沒有高中那麼大，所以這個女生還能夠從一個不是很理想的科系，轉到一個很棒的、她很喜歡的，然後還參加社團認識了男朋友。

　　一切都是那麼樣的順利美好，甚至於媽媽還告訴她：
「這幾年來媽媽就一直為妳在存出國留學的基金，已經存到
了兩百萬，沒有問題，就是要好好栽培妳。」所以這個女生
跟我結的這段緣裡面，不時提到她是準備要出國留學的。

　　就在這個時候，當年放棄她們的這個爸爸，知道自己
的這第一個孩子，還能夠把書念得這麼好，有心回頭來找這
個女兒，可是都利用媽媽不在家，媽媽上班的時間。起先也
許只是想修復或博得好感，我也不曉得這個故事說出來，會
不會很傷人，可是這位人面獸心的爸爸，居然還曾經想要非
禮自己的女兒！

　　因為這個女孩子長得真的也是落落大方，那爸爸也說：
「妳生母才提供妳兩百萬，我還可以再加碼，我也可以栽培
妳去國外念書。」這個事件，後來讓這個女孩本來已經改善
了的這個憂鬱症又再度發作，她後來再也不想跟父親那邊的
任何人連絡了，那邊其實也是還有同父異母的弟弟妹妹們，
所以這個孩子大學畢業後，男朋友要去當兵了，她已經帶著
媽媽準備好的錢去美國求學。

　　這女孩還說，她一路走來受了太多人的幫助，她想要
讀諮商輔導，所以她去國外讀書很認真，我們常有聯絡，她

都會寄最新的資訊、上課的一些資料，現在在用的教科書，讓我能夠不跟時代脫節。

結果等念完碩士的時候，因為成績表現很好，居然有教授主動找她，說願意提供她獎學金讓她繼續念博士，因為這個女生本來英文的底子也就很棒，而她覺得這是個好機會，而且沒想到在念書的當下，也有別人對她有意要追求她，可是她都很明確的跟別人說：「我台灣有男朋友我大學就認識他，他現在在服兵役，我念完碩士他也正服完了。」

可是對方也很真誠就說：「沒關係，我們還是同學。」就有意無意的，都是流露出很想要追求這個台灣女孩子的意願。等到這個女生回到台灣來，我才知道美其名她是來探親，但是真正她是想要跟她交往了四五年的男朋友講清楚說明白，因為她很想繼續念博士而且錢不用愁，她問這個男生有沒有機會出國？

男生說一來家境不允許，二來他壓根就不想出國，他比較喜歡待在台灣，所以沒有辦法、談判破裂，但是非常平和的分手，這個女生再回到美國，才跟那個一直在身邊，相伴相陪，但是並沒有答應要讓他追求的一個外國籍的牙醫師，點頭說："OK, fine." 現在可以我把台灣的感情做一個了

結，我的男朋友沒有辦法過來，而我念博士還要個三年五載的，所以這個學生嫁給了這個外國人，而且是個牙科醫師，然後她的博士學位也拿到了，也很勇敢的接受挑戰，要在國外實習做諮商輔導。

有時候要到精神病院，有時候要到移民局，還好她也具有所謂的雙語能力；而這個男生在台灣，也遇到了自己另外心儀的女子，已經結婚並且有了孩子，我到最近都還看過。我就想到說，這也是一對能夠做很親密的情侶，但是無緣做夫妻，更沒有辦法走到做父母命的這條路上。

所以，其實我們人要很感謝這種緣分，如果你有做情人的情緣，有做夫妻的這個因緣註定，再加上你們是有協調過、價值觀討論過的、有計畫的迎接新生命的到來，不管怎麼樣我們都知道，做父母的過程其實是一段辛苦的歷程，辛苦的背後自有欣喜、甜蜜、歡心、快樂的氛圍，但是它更是代表一種責任，是你沒有辦法任意就要撇開的責任，因為它關係到另外一個生命。

能夠走到父母夢的這條路上，對新手爸爸或新手媽媽都是一個很大的考驗，也許懷孕要看是在預期中或不預期中，以我自己參加過的一些公共電視台的節目，居然有個理

論是這麼說，原本走的很好得情侶、夫妻檔、情侶而已，談戀愛談了很多年根本沒有意思想要結婚，卻常常因為意外的女生懷孕了而促發了他們考慮到：「那我們來結婚吧！」

也許某個角度看，這就是還讓我們的結婚率有數字顯示，而不是大家都已經走到不婚了，我現場就看過好幾對，女朋友都說她有了，有了就結婚吧！因為這樣子而能夠考慮到婚姻，甚至於還有這個談了多年戀愛的一對情侶，男生是獨子、單傳，深受父母、祖父母的喜愛，他交了這個女朋友這麼久，一直很想論及婚嫁，可是男方的家人干涉有點過多，居然老阿嬤還這樣跟這個獨孫說：「你要跟她結婚？那要不要先跟她住在一起同居一下？看那個女生有沒有生育能力？會不會生？我看她那麼瘦大概不會生！」

這是我在民國八十幾年我聽到是非常不可思議的，因為一般我們想到老人家都比較保守、比較傳統的，居然有老人家拿這個來鑑定，而且當作一個結婚的引子、引信，也是滿特別的。

如果因為子女的報到、子女的到來，而讓你感覺他其實是一個所謂的枷鎖、一個鎖鏈，那我想必要的調適，加倍努力的去做，不管是跟配偶溝通或是做自我調適，只要你們

的感情是 OK 的，沒問題的，這個都是可以被祝福的、被期待的，因為一直都是兩個人的這個世界、兩個的家庭，有時候下班回到家，恐怕難免也是很空虛，孤寂感迎面襲來。加上配偶又要加班什麼的，家裡空蕩蕩的一定很不是滋味。

如果孩子是被當作綑綁雙方的鎖鏈，除非是在不預期的狀態下、或除非正好又發生了什麼事，然後又或是身體的考量，可能有的基因、或者是母親的身體並不是很健康，像我就知道，有人懷孕初期並不知道自己懷孕，感冒了，買成藥吃，結果沒想到生出來的孩子就是因為吃多了成藥，變成畸形兒，這也是一生的傷痛、還是沉重的責任。

但是我們有個重要的觀念是，萬一這樣子的孩子投胎在你家，你應該是用什麼樣的心情來迎接？你應該先很慶幸說，我們家這個環境還可以容得下這樣子的孩子，他有幸生在我們家，因為我們不會把他送到教養院去，我們就接受下了這個任務或接下這個重擔，明明知道他是一個可能會讓夫妻感情面臨另外一種考驗，或者是有人必須要犧牲工作，全職照顧這樣的一個孩子。

我所參與的三個特殊的團體，一個叫做創世基金會，一個叫做黏多醣協會，還有一個叫做羅慧夫顱顏基金會，都

讓人家感覺到世間真的有很多不幸的，但是要完全看父母親的態度如何。

如果是創世基金會，那也許有些是後天的、有些可能先天，你看他躺在那邊很無助，父母親幾乎都不來了，就擺在那邊，這麼多人躺在那，要久久十年、二十年可能會有其中一個，手會抽動或者是說有反應，那個真的是可以鼓舞所有的醫護人員。

我自己是親眼看過這樣子的孩子，尤其其中有一個讓我印象最深刻，是他剪了很短的頭髮，躺在那邊好清秀，我就問那個護士說：「這個小男孩這麼清秀，他怎麼會變成植物人？」

她說：「他不是男孩，是女孩。」只是在那邊為了方便照顧，頭髮要理掉比較好照顧，她說這個女生也有哥哥、爸爸媽媽，結果有一天這個四歲的小女生在家裡玩窗簾的繩子，不小心就繞到自己脖子，缺氧到臉都變紫色，爸媽發現的時候都太晚了，所以送醫也救不回正常後，趕緊把這個女兒送到創世基金會，小女孩已經因為缺氧而變植物人，父母親非常的自責，常常下班後就帶著哥哥一起來看看她。

護士小姐跟我講完就嘆了一口氣說：「這一家人，爸爸

媽媽他們也不可能再來了，今天不會來、明天不會來、下禮拜不會來、下個月也不會來。」

我說：「是怎麼了？我只聽過久病床前無孝子，難道倒過來說也是？這個孩子生病了需要長期的照顧，父母親也會棄之不顧了嗎？」

護士小姐說：「不，那一對父母很有愛心、很疼自己孩子，但是因為那個時候九二一大地震，沒想到他們家就是其中的一戶，整個大樓倒塌全家都被壓死了。」

我認識的一對在這個南投工作的夫妻，他們給我的感覺就非常棒，哥哥很 OK，妹妹出生可能就有這個癲癇、然後又發燒，後來這個妹妹就變成比較嚴重的智能不足、發育遲緩，目前應該有十四、十五歲了。但是這個妹妹的智力，只有相當於四五歲兒童的智力。

可是這一家人都沒有放棄，尤其爸爸，因為爸爸的工作很有彈性，當年孩子小的時候身體一個不舒服，他們就很怕情況會加劇、會更嚴重，抱著孩子這樣子從南投一路出來到台中、到台北找醫生看，真的是一對很偉大的父母。

太太的工作很固定是屬於軍公教，所以可以維持一份固定的薪水，而這個哥哥也是非常的懂事，知道妹妹從小這

樣，特別保護妹妹，也不怕別人的譏笑，然後慢慢教妹妹，讓人家很感動。

我因為跟這個做軍公教職的母親很有交集，我們曾經約好說一起要去聽演唱會，都到了演唱會的門口，媽媽才跟女兒說：「我跟饒老師要進去聽歌。」這個女兒就哭鬧：「怎麼沒有我？為什麼沒有我？」

因為一個四五歲孩子，可能沒有辦法聽兩三個鐘頭的演唱會，那旁邊的哥哥就連哄帶騙：「妹妹，哥哥帶妳去逛夜市，這附近有夜市，妳不是最喜歡嗎？哥哥陪妳，走。」硬是把這個妹妹帶開。

她媽媽說：「如果事先告訴她，就沒得聽了，而且會連續一直鬧下去。」因為這個女兒沒有辦法像一般正常人一樣的思考，這讓人很感動，不管是壓力多煩瑣，夫妻兩個共同承擔，而她爸爸還說：「今天這個孩子投胎在我們家，也算她有好福氣，我們就盡量、用心來呵護她。」

你也不能說怎麼栽培，不過這孩子也讀完小學也讀國中，也會有這個特教班，也會做烘培的餅乾，她的語言表達能力其實還滿不錯的。

有一次我去某某大學演講，那演講還沒開始前，那個

大學的某教授兼主任，就是因為他們的中心辦活動，他是主任，所以我們兩個就在貴賓室小小的聊天一下，當我問到這位教授說：「教授，你幾個孩子？」

他說：「三個。」

我說：「好棒！生三個，值得頒獎要嘉許！」因為我個人一直認為一個家庭裡面如果生一個孩子，這個孩子在個性、人格的發展上難免會有瑕疵，因為他比較孤獨、離群索居、沒有玩伴，不知道跟人怎麼相處，或是跟人相處是他從小摸索出來的，比較成熟世故，因為他都只能跟大人相處，所以生一個孩子其實對這個孩子是很不公平也很不有利的。

如果生兩個孩子呢？個人也是兩個孩子的媽，生兩個孩子有一個很大的缺點，就是太容易拿另外一個孩子來做比較，愛比較的心不遺於力：

「你怎麼跟哥哥差那麼多！」

「你看你妹妹表現，不會覺得慚愧嗎？」

因為沒得比只有這個比，所以本來沒有很大的落差，被父母親這麼一加強、一強化、一比落差就出來了，這個其實也很要不得，我個人的信念真的是覺得三個孩子好，三個孩子也許帶的時候稍微辛苦一點，但是只要他們長大，稍微

長大、懂事了，三個之間還有商量的對象。

是從小就有商量的對象，而且這三個孩子，應該自然會發展出一套很棒的生存或是溝通的法則，因為他們懂得談判、斡旋、溝通、協調，總要聯絡主要敵人去打擊次要敵人，所以不管合縱、連橫，我相信他們應該都是在遊戲中，成長的過程中就培養出來，又在現在的社會這是最好 EQ 的搖籃，所以其實生三個孩子是讓我最羨慕。

個人也曾經努力過，只是一直都沒有達成夢想，就算第三胎懷到的是女兒，我還是會非常開心，因為本身就是一個喜歡小孩的這個媽媽，如果有生到個女兒，那不就變成吾家三千金，外子姓吳，口天吳，那我也可以當成一個一、二、三、四、五的五，下面再個口，吾愛吾家的那個吾，吾家三千金也等於吳家三千金，這是一件很開心的事，姊妹們之間有得商量了。

我遇到的這位教授，聽說他生了三個孩子，我才直說：「棒！教授，應該頒獎的！」尤其在少子化的今天，更該頒個機率獎。

我說：「那請問教授，孩子的性別順序是怎麼樣？女女男、男男女、女男女、男女男？」

教授說：「我不敢講。」

我說：「為什麼？還有性別不敢講？」

「不是，我講了我怕妳會忌妒，應該是讓妳最生氣的那種女女男。」

我說：「教授，妳知道我生兩個女兒？」

他說：「對，我曾經聽過妳演講，妳說妳看到別人前面兩個是女兒，第三胎是兒子的，妳都很忌妒又很羨慕的說：『算妳行，讓妳拚到了，因為我們沒拚到。』報告教授，我正好就是兩個女兒在前面第三個兒子。」

我說：「哇！太美妙了！我自己都求不到，恭喜！」

才講到這邊，演講就要開始，我們就沒有多談就到會場去。一兩個禮拜後教授把當天演講現場的錄音、錄影的那個 CD 還有包括照片，照了幾張寄給來給我，但是連同著有一封信，兩三頁的信，看了我自己非常的汗顏然後也覺得不知道該怎麼回應，所以始終沒有回應這位教授。

他信上是這麼寫的，前面有一些這個禮貌性的謝謝我去演講，然後就說：

那一天您問到我孩子的出生序、性別出生序，我說女女男，妳那個欣羨的眼神、發亮的眼神讓我也講不出來，其

實教授我是拚到兒子了，但是我拚到的是一個唐氏兒，他的第十九對染色體真的有問題，因為我太太也是比較屬於高齡產婦才生到這個老三。我們夫妻兩個，經過一段不足為外人道的辛酸歷程，好幾次很想把他送到教養院又覺得捨不得，而且兩個姊姊也都覺得這個弟弟很可愛、超可愛，一直到最近這幾年，我越來越放開心了，越來越能夠接納，我也不怕別人知道我的兒子是個特殊的孩童，身心有障礙的孩子，我內人因為他而放棄了教職專心在家帶。最近兩個女兒說：「這弟弟真是我們的開心果！哇！什麼事情弟弟這樣一講，都好有趣！」

　這位教授信這樣寫了，我還能說什麼？所以其實做父母親真的是一輩子的責任，扛也要扛起來，常說孩子是來世間給我們修行用的，他就是我們的道場，所以能夠走到父母夢，把這個夢想實踐了，真的為人父、為人母，有人喊你爹、有人喊妳娘是很甜蜜、是很溫馨，但是更代表著責任，不能再像做情人或做夫妻的時候一拍兩散、一翻兩瞪眼說吹就吹有沒有，合則聚不合則散，灑脫得很，恐怕現在不行了，這關係到另外一個生命的實體。

　我們來分別看看父母親和母親，初為人母的人，其實

有的時候也並不是很高興的擁有子女，他們剛開始可能也沒有太大的興趣或好感，而且新手父母對新生兒的餵食、照顧都十分陌生，很容易讓初為人母的產生心裡的壓力跟焦慮。有的時候這個就叫做產後憂鬱症，還是需要看醫生慢慢治療的，那母親是這樣父親何嘗又不是？

　　有些父親看到自己心愛的妻子，懷孕整個不適的過程，或者是萬一什麼胎盤不正，或是孩子有些什麼特殊狀況，甚至在生產過程中，可能都還要承受萬一是難產、萬一失去了妻子、失去了孩子，那種無形的壓力，心裡頭的沉重負荷，恐怕也不是我們一般人能夠想像的。

　　而且等到子女平安生出後的壓力又不同了，主要是丈夫會感覺到妻子的生活重心，已經從夫妻變為對子女，夫妻之間不再那麼親密，相處時間減少，感情也受到影響，有些反應比較激烈的丈夫，甚至想到說，懷孕期間跟產後，可能會承受這麼多壓力，搞不好還會建議太太說妳要不要去墮胎。

　　可見為人父母真的是一個很不容易修的學分，你說天下有不是的父母嗎？可能也有。記得我當初懷老二的時候因為已經知道是女生，當然有點失望，因為公婆家更希望這一

胎是個男的，那個時候我都悶悶不樂，我覺得先生扮演的很棒、很重要的角色，他說：「太太，妳不要因為子女的性別不符合我們大人的期待就鬱鬱寡歡，這樣子會影響胎教的，孩子會感受得到的。」

我也親眼看過高學歷高檔夫妻，醫生加老師的，這個醫生還後來專攻婦產科，當他第一胎生的是女兒，取名叫Sweet、Sweet Heart、Sweet Pie 南瓜派，叫得好甜，等到這個當老師的太太懷第二胎，正好先生在當住院醫師，還是R1、R2 的，結果幾個同學就起鬨：「嫂子，我們幫妳照，看看是男的還女的。」

三個死黨照過之後說：「嫂子，沒看到。」那這個爸爸當然有點不悅說：「胡說！怎麼會，我自己照！」當他用這個超音波一照的時候，真的也是沒看到，是不是有一個說法說，如果照到是有這個男性生殖器就一定是男嬰，可是如果沒照到，聽說其實有的時候是角度，也許沒照到但是有可能是男嬰，但是因為這個是經過四個人照了都沒看到，這個太太從此陷入產前懷孕憂慮。

因為性別不合期待，這位太太聽說食欲變得很差，每天這樣子無精打采，提重物、很重的，伸手舉高拿很高處的

東西，孕婦越不能做、越不該做她越做，沒事就拿萬金油來塗肚皮，塗萬金油有刺激性的，旁邊有人笑她說：「萬金油要用吃的，不能用這個所謂抹的。」那沒想到生產的時候居然跌破專家的眼鏡，所有的人都嚇呆，自己還是婦產科醫生的丈夫，因為居然生出一個帶把的。

　可是因為母親食慾很不好，都沒有進補一些什麼營養而且心情很差，所以這個小男生我是有機會看到，姊姊好開朗、好健康，那個弟弟來作客，我們家兩個孩子，他們家兩個孩子，四個小朋友在一起玩不是很好嗎？

　這時候就聽到這對高水準的夫妻喊說「Peter，不要跑、不要去、不要下去，你過來坐爸爸旁邊。」我覺得這對父母親怎麼把兒子保護得這麼好，等到三個女生玩得汗流浹背，氣喘喘從這個樓下上來，然後又建議說：「走，我們去外面盪鞦韆、溜滑梯。」

　我們家那個山坡地旁邊那裏還有松鼠，我們趕快去看，小朋友當然都很高興一窩蜂的要往外跑，這時候你就看到這個Peter也起來也想，這時候又被爸爸被媽媽叫住了：「Peter過來，你知道你不能跑得快，過來！乖乖坐下！」

　我實在是忍不住了才問說：「你們這對夫妻怎麼了？好

好的孩子，男生也比較好動，你看我們女生都野成這樣，一起去玩！」

他說：「妳有所不知。」他才把整段懷孕的過程講說因為自己心情的不好，食欲的這個變差，所以孩子生出來各部器官都沒有很健全，也不能跑，也不能跳，又有氣喘，又有什麼心臟，什麼腎，什麼哪裡都不好，我當下聽了真的覺得很難過。

我說：「還好，那個時候我懷老二，明明知道是女孩，丈夫的一席話讓我轉變了心境。因為他很開心說，孩子總是有個玩伴總比一個好，不管是男是女，就算生到第三胎，是女兒也很好。」

現在這個社會在少子化的今天，性別顯得更重要，還好我們還不像大陸有所謂的一嬰或一胎化政策，通常被犧牲掉的都是女嬰。所以這份愛的結晶要非常的珍惜，所以如果孩子來報到了，不要像我舉過的例子說，這個孩子每天只會哭鬧什麼都不做，煩死人了。

一般我們都是雙薪的家庭在養孩子，我們更應該有彈性而且有共同分擔照顧孩子責任，要有一個比較有彈性可以有替換，不要全部都交給那個還要上班、回來還要全職照顧

孩子的媽媽，何況還是新手媽媽，更需要丈夫的鼓勵、協助。

最近那個警廣電台，有台呼或是做廣告，我都聽到兩則很溫馨的，不但是說這個播音員的聲音好聽而且主要是內容，快下班了，夫妻兩個人互相打個電話，會說：「太太，我要下班了我要回家了，要不要帶什麼東西？」

「好，你去幫我買×××，因為我要回家準備晚餐了。」

「那沒關係，可能你準備×××，那個湯我來。」

這個丈夫可能是一個很愛煮湯煲湯的，那個在收音機裏面自然流露，他的旁白是說：「魚幫水水幫魚，丈夫可以幫妻子分擔家務，共同為家事一起操刀。」這樣的感覺應該是美好的。

有個丈夫說：「太太，妳來幫孩子換尿片，我來洗奶瓶。」因為那個太太一餵完奶，丈夫就把奶瓶接過去，像這種很溫馨的畫面。也奉勸普天下，有兒子的家庭，把兒子也能夠教導到能夠做家事、分擔家務，倒不見得是所謂的幫忙，好像幫忙這個字用出來頗有上對下，或是有那種權威性，老子高興，老子幫你忙，老子本來就不用做這個，這是

你們女人家的事，這個觀念很要不得。

　　我們希望能夠把自己的兒子教導成也是很體貼，也是能夠幫忙分擔家務的，並不覺得那全部都是女人的工作，這樣子我們的社會、兩性會更平等會更和諧。

　　所以到底孩子是你，不要說我們什麼錯誤的一場愛情的遊戲的什麼結晶、產品，真的應該是所有的小孩，都應該是在愛當中被期待的，在愛裡面被養大的，被教導成人的，我們希望能夠圓這個父母夢。

　　父母夢，不單是有心就可以圓夢的，因為現在不孕症太多，如果有孩子來報到，就是老天爺沒有辦法眷顧到每一個家庭，所以老天爺才化為無數個天使，而這個天使就是到每一家去報到的小孩，由他們來 Cheer up 來讓這個家庭充滿歡樂，這是我很強調的愛的結晶。

第八章

小三走開

愛情因為本身有一個很強烈的獨占性，沒有辦法分享，所以不太想跟別人共有，不是不太想，根本就不想，不可能的，愛情怎麼能分享？

為什麼現在小三這麼多？

其實小三已經存在很久了，以前的小三，也許像林月雲，因為她的私生女，非婚生女兒侯佩岑的結婚事件，而又把這個當年的一段婚外情牽扯出來，而且林月雲還前後做了兩次的小三。

所以看到她在螢光幕前，在電視媒體上面，都說她深深的道歉，她做錯了，她對不起人家的元配或對不起元配跟他們的孩子。社會上一片撻伐之聲說：「道歉，二十幾年、三十幾年的恩怨這樣一句道歉就夠了嗎？」

　　有人說：「大老婆妳生不出孩子，妳不要怪我去外面找小三，因為她可以幫我傳宗接代。」台灣應該還是屬於轉型期，也許不像以前那麼樣的極端保守傳統，甚至於完全以男人為一家之主，只有靠男人賺錢養家，所以他可能要三妻、要四妾，因為他是那個家庭中最握有權力的人。

　　現在我們是在一個過渡期，也許還看到殘留或是上不了檯面的娶妻又討妾，比方說最有名的王永慶，他不但大房、二房、三房，結果最近又因為四房去確認親子關係DNA，所以這個四房所生的三個子女，每個人都還可以平均分到九點五億，應該也是當前很夯的一個話題。

　　朋友的朋友還是朋友，你有聽過愛人的愛人還是愛人嗎？配偶的配偶，配偶外面沒有婚姻關係的配偶，還是配偶嗎？所以這個是很荒謬的一件事。所以之所以會用這個標題，傳宗接代，早已無關劈腿的藉口。

　　是因為連我自己這麼一個現代化的女性，也都可以做一番自我剖析，我大學所有的同學都不敢相信，我從美國回來的時候都快四十歲了，我多麼渴望能夠為夫婿家生一個男孩。所謂的傳宗接代，因為根據長輩的意思，他們家至少都還三代單傳不能沒有後，所以這個觀念，在我們上一代應該

還蠻深刻的。

可是我現在放眼看到我的周遭，像我們這樣生兩個女兒、三個女兒的，也真的很多，當前的總統馬英九先生兩個女兒，前行政院院長蘇貞昌，也是兩個還三個女兒，那蕭萬長蕭副總統三個女兒，我看到周遭很多這樣子的案例，也不覺得真的生不出兒子是多大的罪過，所以必須要到外面去生。甚至我還戲謔的說，搞不好生兩個女兒、三個女兒就是有做國家總統、副總統的命。

我自己的案例是，當年曾經有過一個念頭說，如果算命算說我的老公命中有子嗣，而我真的沒有生到的話，我是不是應該允許人家用什麼方法，甚至用代理孕母，或是所謂的一夜情，請一個什麼年輕的女子、或是有生育能力的幫我們生，這個念頭連我自己居然都有！可是我的前提是，可能只是因為要傳宗接代而已，無關乎你會不會去劈腿，你跟那個女生有沒有感情，如果你們真的有感情，那我一定也是沒有辦法接受的。

所以我們現在看到外面有這麼多的小三，是我們所謂的婚外情；到底婚外情是怎麼形成的，不是當初也都是懷著神聖的諾言而結成夫妻的嗎？那為什麼婚姻這麼禁不起考

驗？惡化的原因到底有哪些呢？經過這個實證統計跟推論，主要是有下面這幾個原因：

　　婚後的壓力逐漸增強了，比方說我們剛剛說的第一個孩子出生了，太吵，又不知道如何妥當處理。針對孩子吵鬧，我們把握一個最高的原則，叫做尊重孩子也是個獨立的個體，或是轉移孩子愛哭鬧的這個天性，其實你只要逗逗他，把他的注意力集中過來，扮個鬼臉，玩個躲貓貓、捉迷藏，逗弄他用一些玩具，其實也很快就可以達到效果。

　　只是這種事情會周而復始的發生，端看我們做父母親的，懂不懂孩子的心理，他也只是要得到注意力而已，我們一旦賦予他應該的注意力，他會很有安全感，他不會哭鬧不會顯得很無助，因為就是太小不會說話，只能用哭的，所以這個是如果孩子太吵，不知道如何妥當處理，無形中也形成了你的精神煩躁跟時間經濟上的壓力，容易造成夫妻之間的爭吵，或者又是因為婚後的壓力，來自於媽媽太過專心照顧小孩，忽略經常要跟丈夫溝通及關愛丈夫。

　　另外一個原因是配偶可能會在婚後暴露出更多不良的嗜好，尤其像酗酒、賭博；或是這個對漂亮的女生、正妹沒有免疫力，這個應該是我們婚前張大眼睛要看得出來，這種

酗酒、賭博應該不太容易隱藏。

　　不過我看到一個隱藏的案例是這樣，在海外求學的一對男女，原本不認識，在一次聚會，那個男生展開猛烈的追求，尤其又在海外那種地方人生地不熟的，難得遇到有來自台灣的，很快的就有很好的交情，追了沒多久然後學業告個段落了，就回台灣辦結婚、定居台灣。婚後不到半年，這個新婚太太來找我了，她說：「老師妳敢不敢相信，我們一般女人都不是丈夫的大老婆。」

　　我說：「妳在說什麼？妳丈夫怎麼了？你們不是才結婚半年嗎？什麼大老婆？」

　　她說：「汽車是丈夫的這個大老婆，我們只能算二老婆或是倒過來也一樣。」總之他就是視車如命。有人說他喜歡玩這個電腦上網，那個是他的最熱衷的，太太可以擺一邊。

　　我說：「妳是哪一種？」

　　她說：「我先生就是很迷線上遊戲，我後來才知道他當年追我是忍了多大的痛，強制自己不能再上網，要花時間來追我，好不容易追到了我們也結婚了，他每天下班一回家吃完晚餐、洗完澡，八點鐘就可以把自己掛在電腦上，真的是掛在上面。很迷！」任憑這個新婚的妻子在旁邊怎麼撒嬌，

換來的都是：「妳自己忙妳的，我這個跟人家打還輸幾分，我昨天跟人家約好了要對打。」

所以任老婆怎麼哀求說：「你再不理我，我乾脆從這個公寓大樓跳下去好了。」她拿枕頭打她老公，她老公一手遮著枕頭另外一隻手還在打電腦，毫無動於衷。

我看到很眞實的一對新婚夫妻的吵鬧，來我們上課的「婚姻與家庭」班上跟同學做分享，結果大家都給這位丈夫一些友善的建議，也不要說指責人家，因爲男生最怕被否定、被指責、被辱罵。就是勸說：「你是不是應該要把打電腦的時間節制一下？你每天晚上八點可以打到九點、九點半，也應該花點時間陪老婆，你們也才剛結婚，你看你多辛苦的把她追到。」……等等之類。所以這個是很不良的沉迷嗜好，有人是酗酒賭博，有人是迷上網路。

我們還有一個原因是男人，他仍然有的傳統的大男人主義，如果婚後妻子不順或違反丈夫的意願，常常招來一頓打罵或使用情緒的語言、或是是用威脅的口吻說：「離婚算了！」

我聽說很多新人在結婚的時候都先說好說妥，以後再怎麼樣都不准把離婚講出來，我聽到很多人是這樣，好像這

種正面的力量也是滿大的，怎麼傷害怎麼樣都不能輕易講離婚，可能還有個約定，誰講了離婚誰就要怎麼負責之類的。

也有人會以離婚，來逼使女性要完全服從於男性，有時候講到一個對比、對照的關係，婚前好像女生可以很拿翹，享受被追的那種幸福感，被體貼、被伺候，所以也許婚前的女性並不好追，但是一旦追上、追成了，由情人走到夫妻了進入禮堂了，通常女生的身價就大跌了。因為她專情的個性會讓她想從一而終的比較多，男生也有，可是萬一男生因為在職場很容易有接觸異性的機會，然後又比較把持不住，心術比較不正，那很容易就淪陷了。

還有人這麼說，婚前如果女生讓我吃足了苦頭才把她追到，我婚後要好好的來討回這筆債，有這樣想法的實在是很恐怖。婚姻會惡化的原因，還有可能是大男人主義和時下女性所受的現代化教育中間，有一段很大的落差。

女生比較不再像以前那樣，因為沒有經濟獨立自主的能力而臣服於這個先生，不管先生說做什麼，她都是逆來順受，從來不敢忤逆，現在已經不是那個時代了。所以如果男生還想用以前那樣的想法，來對待現代女性，那恐怕雙方溝通有很大的功課要做。

　　還有一個惡化的原因是先生工作如果一忙、應酬一多，晚上經常晚回家，妻子會不滿意這個狀況而引發衝突。妻子一旦衝突，她力氣沒有男生大，她嘴巴碎碎念個沒完沒了，引來男生只好動手，所以丈夫會施暴力於妻子，比比皆是。

　　金錢使用的方式差異過大，常常為此爭吵，也是夫妻之間容易起衝突的爭執點，就是為了Money為了錢，誰賺、誰花、賺多少、花多少、怎麼花，還有要不要給老人家這個孝親費、奉養費、給多少等等，還有子女小的時候的奶粉費、尿片錢、保母費；長大的教育費，真的會逼死丈夫跟太太都一樣。有時候要了解金錢使用的差異，金錢使用方式差異如果過大，會常常為錢而吵，在婚前就要充分了解。

　　還有一個防不勝防的叫做猜忌心，彼此互相猜忌也許是有人太吃醋。人性對吃醋、嫉妒這些，都是天生的弱點，我們應該有所覺察、自我節制，除非手上有證據，否則不要隨便愛吃醋像個醋桶一樣，到處猜疑、生性猜疑，這個非常不利於婚姻。而且夫妻雙方盡量不要在對方的面前，和另外一個異性談得太興高采烈，不管是公事或私事都最好避免。

　　因為愛吃醋本來也就是他愛你的一個表現，千萬不要有個想法，說我就是故意要讓他吃醋，我來檢驗愛情的濃

度，其實真的愛情不需要你這樣子的測試。或是有人說，我就是喜歡看他吃醋的樣子；吃過多的醋，那個醋全部酸下去、一再難過，你的婚姻會惡化的。

最近個人在逛花博也遇到這樣的困擾，因為常常上電視小小有個知名度，在花博裡面，從進門志工跟我這樣打招呼、啦咧，到我們排隊入館、吃飯，也有人這樣端著湯過去，看到我也會很驚訝的停下腳步：「妳不是那個饒夢霞嗎？」我總覺得好像會對我的先生很抱歉，雖然我也會馬上介紹說這是我先生，人家也僅止於打個招呼，然後又要跟我聊天，通常我就嗯嗯啊啊的，我也不敢多講，那個不太合乎我本性，如果是我自己單獨遇到這些人我會比較熱誠一點，但是因為有先生在身邊，還是要顧到他的感受。

另外個婚姻惡化的原因，可能是儘管夫妻有一方，確實是真心關懷對方，但總被另外一方誤認為有意挑釁、傷害，繼而產生紛爭。那個自認為對別人好的那一方，會說：「我這樣做完全是為了你好，我好心沒好報，我好心被雷揍，狗咬呂洞賓不識好人心。」

有的時候，要看看你去關懷對方，你付出的關心是真的他需要的嗎？還是你這種關心變成多餘的、有負擔、有壓

力的關心？讓他容易使你的眞心關懷，因爲這樣子過於激動、過於激辯，而產生瞬間的暴力，常常發生誤解，也會使婚姻品質惡化。

在這個小三橫行的風潮裡，大老婆要團結起來，不要讓我們的婚姻因爲有縫隙，那個蛋殼再密，外面都還有細細縫隙的。要怎麼樣很努力去經營、去維繫婚姻，而且去敏銳的觀察，一旦有什麼不尋常的，讓我們覺察，可能要去多了解、多知道是怎麼回事，然後進而找出解決之道。

時下被侵襲倒、被威脅到的大老婆們，我們是不是應該聯手把小三一起趕走，小三你給我走開，不讓小三入侵家門來破壞我們的婚姻？

小三之所以能橫行，到底爲什麼已婚的人還會有婚外情？而且大部分的婚外情，還必須鎖定是男生比較容易有小三，女生這邊你說也叫小三嗎？以前叫做養隻狼狗，現在不知道有沒有更新的術語？

婚外情之所以會產生，不外乎是：

※ 具有娛樂性。

※ 可能可以有一點多變化的性經驗。

※ 可能會有多一份情感的滿足。搞外遇的男人，還眞

不怕感情太多會把他淹死，把這種感情，當作新的情緒上一種享受。

※ 想抓住再一次青春，渴望一份羅曼蒂克的愛情，除了原來有的他還渴望再一份。

※ 或許基於好奇。

※ 有可能是友誼，由友誼而轉變的，可能哥兒們太久了也許一次的聚會，一個喝多的酒，怎麼不小心的也不知道，是酒後真言還是酒後亂言、亂行，可能就有所謂的婚外情發生。對一個敬重的朋友，如果你曾經有想過進一步的念頭，要有什麼性的接觸這個發展，講好聽是有友誼當基礎，其實講不好聽，你這是怎麼樣？是藉酒壯膽、趁人之危。

婚外情產生的原因還有一種反叛、叛逆成分在，或者是極思報復，可能用婚外情來報復另一半，他有什麼讓你不滿，其實是可以透過溝通，不用這樣子還拉一個人進來。而且人本身，就是很複雜的七情六慾、索求無度，這個很難去掌控的。我不相信有人的婚外情，是配偶的鼓勵，我不知道這是什麼意思，可是有個學理卻說，基於配偶的鼓勵；這個耐人尋味。

進一步的探討，也許婚外情放在現在的社會，第一個

因為我們開放的性觀念，性觀念比過去開放多了。第二個是我們長久以來，性的需求一直被剝奪，所以如果在夫妻當中，萬一因為爭吵或什麼不願，你又被剝奪了；或是太太拿這個當武器對你冷戰不讓你碰她，先生便把它拿來當作是一個有婚外情的藉口原因。

　　第三個也許是基於年齡的因素，因為年紀漸長、老大徒傷悲，尤其在男生身上，總想表現自己還是雄風依然健在，還可以吸引其他女性的眷顧，所以他想抓住青春的尾巴。第四個跟剛剛的友誼有一點點相關，會不會是情境因素，一個偶然的機會，或者是較陌生的地方也有可能，不過這情境因素，比較偏重的是不涉及情感的成分，只是當下那個情境，他沒有錯過任何一件事。

　　他想這個情境是創造給我的，我不錯過這麼好的情境，所以這些都是外遇產生的原因。需不需要有錢、有權、有閒又有勢，是一種條件加環境嗎？還是真的是所謂的劣根性？值得我們探討。

　　一個人會想要有所謂的婚外情，有一個說法說是，如果你的婚姻經營得很幸福、很美滿，你就很少有機會讓婚外情第三者介入。還有一個說法是，婚前如果已經有所謂的性

經驗的，比婚前沒有性經驗的他，更想去尋找婚外情，也許是刺激，也有說教育程度高，社會思想、政治思想比較開放的，比較主張兩性要平等的，就比較容易有婚外情。

我曾經說過什麼換妻換夫俱樂部，也只是只聞樓梯響不見人下樓。還有如果是來自比較傳統家庭的年輕男子，因為傳統所以被壓抑，壓抑久了他就要爆發，他可能有比較高的比例容易被小三吸引。

還有擁有許多家庭之外、與異性相處活動機會多的人，婚外情機會也增加。有的人是很顧家，下了班就回家，這個守著陽光守著家，這種男生巨蟹座的，他除了家庭以外，他很少有什麼機會跟異性相處或是與異性互動。

常因工作而與異性多周旋的人，不管男女，機會比較多，容易在無形中因為情境而增加了婚外情。為什麼會遇到婚外情，可能要探究一下：

結婚的第一年，比較不太可能讓小三有機可趁，比率比較低，結婚第一年的婚姻困擾，多半是來自於適應，這個適應包括適應很多新的角色，適應的人際關係，可能會有姻親關係的這個困擾，一下子公公、婆婆、姑姑、嫂嫂、叔叔、嬸嬸等等之類。

也許剛開始適應的，還包括你們性關係，你們是一夜七次郎還是七夜一次郎，還是有一方索求無度，每天晚上來幾次的都有可能。或者是在適應經濟上的財務個管理。甚至溝通的模式，也因為結婚後角色的不同，而有不同的表達，以及為了教育子女、養育子女這個方式有不同點的爭執。

所以其實不管是二三十年前，有機關調查的、或是我自己最近在一個社會大學調查的，都認為婚姻中主要的難題，依序不外乎是外遇、財務金錢或是一方有不良的嗜好，通常是指丈夫有不良嗜好，或是太太容易離家出走，或是對子女教育觀的不同。

外遇的問題是滿嚴重的，男生大概將近一半、一半以上，或多或少，都可能有外遇的經驗，這樣是不是很聳動，三四十歲左右的夫妻，而女生大概也已經從 26% 有慢慢往上提升的趨勢，似乎就是在表明，對當前這個婚姻的信賴度很低。如果有人是因為產生婚外情讓小三介入，是因為他個人在價值觀的排序上有問題。

這一生誰最重要？什麼對你最重要？家庭價值重不重要？太太重不重要？有的人在價值觀的判斷上面，他不能也無法把配偶放在第一位，這很奇怪，也許真的是到手了或看

久了、膩了也不一定。

　　也有人是無法就只對一個人有好感，這個好像是他的致命傷，因為他對很多人都有好感，所以他很想去嘗試，或者是說如果可以和那個人發生一個性關係，不知道有多好！這個會常常在婚姻中，混淆了原本對婚姻的信念，所以這也是我們今天要探討的，為什麼家花好像總沒野花香？

　　是不是一些男生都在結婚數年後，聽說第一年比較少發生，那外遇會發生大概都是在接下來的五年、七年甚至十年，往後都非常有可能小三進駐了。

　　你是不是每天看著自己的妻子看得有些膩了？或是也是因為你工作環境或其他的因素，你認識了其他的女性，然後繼而發現，這個女性她具備的某些優點是妻子所缺少的，因此常常有聽到說產生了相見恨晚的心情。尤其這位丈夫娶到的老婆，又是那種比較精明能幹但是不會撒嬌，對服飾對打扮都不太在意的這種女性，更讓他有藉口。

　　所以會讓男生興起了七年之癢，也不要七年，現在三年、五年就可能就癢了，也不用等到七年才會有外遇這種念頭。針對這樣的男女都有能成為小三，我們要公平點。小三橫行的危機，我們希望能夠從男主角、女主角就是配偶夫或

妻雙方來想出一個解決之道，不要讓這個小三大剌剌的登堂入室。

　　一開始外遇對象會跟你說不計較名分、不計較金錢，但大部分日子跟久了，都還是會要「生活費」或「資遣費」的。你看《犀利人妻》中的人夫就知道，挑逗久了，原來心如止水的也沒有辦法定性或定心了。所以我們想先針對男生提出五點的反省，也針對女性我們自己提出三點的建言，聽聽看有沒有道理：

新鮮感過後

　　男性應該要想的，你今天碰到了這個小三，你那個形象大多是因為表面上的優點、或者是心理上的距離，因為沒有像你的配偶這麼樣的熟悉，你跟她畢竟不是真正的夫妻，因為只有看到一個表面，你還沒有看到裡層，還有心理的距離，因為也許婚後，你已經被無形的社會規範，約束到不能再去碰其他女生，所以你有一種心理的距離，以致於你產生了一個所謂的新鮮美感。

　　試想一下如果你逐漸遠離髮妻，逐漸和小三親密，或者是共同生活赤裸裸的交往，當一切的美感距離被你弱化之

後，沒有距離了，你應該會覺得這個小三的缺點也越來越多，美感也逐漸消失。你甚至還可以想像，如果你是和她要共組家庭，她能勝任嗎？或者是有了小孩，她有能力去圓滿的處理小孩帶來的種種家庭問題嗎？

　　因為一般的小三總是把自己打扮得漂漂亮亮，比較屬於，在我們看來有個外號叫「狐狸精，」或是比較容易勾引人，她可能每天只花時間在打扮自己，對於真正的持家的這些方法、撇步，她可能會比較略遜一籌。

　　你也要想，如果這個小三真的那麼優秀，她何必委屈自己和一個有婦之夫來交往？她老早就應該名花有主了，我看到身邊很多的案例，都是男生四十多將近接近五十歲，叫臨老入花叢，然後有女生這樣倒貼喜歡他。我所看的男生如果不是有錢、就是有權的多，很少是你什麼都沒有，純粹一份純純的愛的感情的婚外情。我輔導當中比較少看到，或者有的時候，是那種政商利益，一個男生去找工作被這個女生雇用了，那女生又極盡所能的教導這位已經成家有家室的男生，然後甚至於還把未來的願景都跟他分享，儼然要把他從那個部屬升為夥伴，搞到這個有留美學位的男生，都把持不住。

　　這是我最新才接到的案例，那個妻子真的是無語問蒼天，她也是一個有工作能力、有事業企圖心的，但是接連生了兩個孩子，一個還不滿周歲，一個才兩歲，她說她請了育嬰假在家裡，看著先生這樣子跟他以前的老闆同進同出，名義上都叫做談生意，還一起出差。她原本都沒有懷疑，她也跟先生一樣，也很感謝這個女士給歸國學人一份還滿不錯的工作。雖然這女老闆身邊已經有一個二十年的男朋友，可是一直不知道什麼原因沒有論及婚嫁，所以她是自由身，是不是我們所說的公害，還去跟這個有婦之夫來交往。

　　這位太太無言以對說：「為什麼犧牲的都是女生？真的不想要這段婚姻，我有工作可以養活自己，甚至連小孩去處都想好了，要嘛都不要，要嘛就一人一個。」她不想一個人那麼辛苦帶兩個，可是當這個公公婆婆、自己的爸爸媽媽都出來打圓場，說該給丈夫一次機會。

　　可是一次又一次，而且先生也說不會再跟這個上司有什麼瓜葛，已經離開了那家公司，自己出來新開公司，還希望太太利用育嬰假來幫忙，可是卻又意外的被老婆逮到，他們的確還一起去出差，她說叫她要怎麼接受？

　　我知道別的案例都是三十出頭的小三，去戀上四五十

歲有權、有地位、有勢力的，可是好像都沒有持續很久，這個小三也要考慮自己的未來，她也不想一直當人家小三，所以也許在三十四五歲，或是像有一個名人一樣，要在趁著三字頭之前，把自己嫁掉。

換句話說三十九歲以前結婚就 OK 了，所以人家如果很優秀，又何必跟你這個有婦之夫來往，她早就名花有主，她早就該去尋求她自己的那份幸福了。所以萬一你真的因為小三而變得妻離子散，你以前的心血不是全部都付諸東流？這樣值得嗎？

就算沒有妻離，你的兒女會不會因此看不起你這個老爸？我的周遭太多這樣的案例，都是這個孩子都讀書都讀很優秀從小看到爸爸如何對待媽媽，怎麼樣把家用費兩萬塊甩在媽媽臉上，或故意丟在大門外叫媽媽去撿的，而爸爸自己因為這個經濟很好，每年招待自己員工出國兩三趟，卻從來不帶妻小。

雖然他們沒有很明顯的知道爸爸有沒有外遇，可是光憑著去國外旅遊，都不肯帶妻小就一個人去，你難道不會懷疑嗎？兒女會看不起你這種老爸！甚至兒女會受到外遇的干擾讀不下書、壓力過大，搞不好弄到精神分裂產生偏差行

爲，或是看著父母親這樣子得了憂鬱症，甚至還會影響到孩子他們自己在找尋另一半的一個莫大的陰影，你不但誤了你自己身邊最心愛的人，還禍害到子女的幸福，這種後果你承擔得起嗎？

妻子的優點常是小三所欠缺的

男生要做的反省是任何人都不可能十全十美，儘管你有一個不喜歡刻意打扮，外在美可能略遜一點的妻子，起碼她的內在美，以及做事的能力應該比一般人強。就長期來看，她對你的家庭跟對你的事業幫助應該很大，她有能力勝任家務，她讓你沒有後顧之憂，所以有這麼多優點的女性你又何必強求她要十全十美呢？

男性請你不要忘記，你現在妻子的優點，往往是外遇的那個小三所欠缺的，而且這種小三的某些缺點，往往就是你的妻子所沒有的，只是人，遇到小三上了她的船就暈船了，通常都是由於激情、新鮮、刺激以及心理距離過大而看不到對方重大的缺點，等到你發現時可能已經來不及了。你自己身邊可能早也人去樓空、妻離子散了。

無論如何都奉勸普天下男性不可太貪心，你既要妻子

同時具備世俗要求的優點，又要零缺點，這種人世間上是找不到的，如果你真的找到了，也請你想想我們所說的心理距離過大、或是你的一種移情作用、或是被壓抑已久的一種尋求報復所導致。還有一個最基本，你反省一下你自己你有那麼真的十全十美嗎？如果沒有，你何必要求對方呢？

活著，並不是只是為了享受男女關係

男生應該反省的是人活著並不是只是為了男女關係，還有更重要的一層關係，是孩子的養育與事業發展，你自己的事業不要因為這樣子英雄難過美人關，或是因為孩子的養育問題，每個階段有不同的問題，你卻還是這個被小三的這種困擾層層綑住，所以記住家和還是萬事興的，家不和就萬事滅的，切記切記。

離婚後再結婚，感覺都沒有比第一次婚姻好

男性可以思考的是，根據調查結果，離婚後再結婚，其實通常感覺都沒有比第一次婚姻好，如果又已經有小孩的話更麻煩，你何必自取麻煩呢？

將心比心

男生也可以反過來站在妻子的角度想，如果有一天妻子跟你一樣也遇到了她的小三，妻子也有外遇，你受得了嗎？你如何看待？如果你馬上說你當然受不了，那你就想想你的妻子會受得了你跟小三在一起？

既然如此，何必這麼殘酷對待自己的妻子？如果妻子有外遇你無所謂，那麼不如在婚前契約中寫清楚，各玩各的，相互扯平，那我不知道這樣子的婚姻還有什麼意義？很難形成健全的家庭，那又如何培養出安全的環境，來讓孩子成長茁壯呢？這會造成更多的社會問題。

所以不管是男是女的已婚之人，若還在想，野花野草總比家花家草新鮮好，請你仔細思考外遇只是一個外表的假象，不需要為了一時的衝動，而堵上家又誤了前程。

有一個真實的故事要跟各位分享：

一個22歲大學畢業的女孩，一直都沒有交男朋友，到了她30歲那一年有個機會，我們在一個茶藝館聊天，她想找我聊聊畢業後這麼多年，不管是生涯規劃、婚姻兩性……我還說：「小姐妳都30歲了，沒有遇到如意郎君嗎？不想把

自己嫁掉嗎？」

這個學生很大方的說：「老師我雖然沒有結婚，可是我是人家的外婆、八年的外婆。」我聽不懂，原來是「外面的老婆」她當了八年，大學畢業就被這個男人相中了交往，這個男生是一個在社會上還算滿有地位的人，所以跟她都是地下秘密的戀情，這男人已經有兩個小孩，而且跟她在交往的這八年當中，又跟元配生了第三個小孩。

女生不敢造次，因為女生父母親管她家教還滿嚴，當然也不知道女兒是人家的小三，不知道女兒為什麼要接那麼多份工作，因為女兒說現在也沒有考慮到婚姻就多做。其實她的多做是有目的，她是很想要多掙錢，幫這個男生還他生意上的一蹶不振。還相信算命的說，這個男生就是這十年流年很不利，只要等他過了這十年必定東山再起，因為他曾經那麼風光過。

這女生甚至把爸爸媽媽先給她的嫁妝幾百萬元，全部都先挪來幫助這個男生，真是愛到卡慘死。所以這個女生她當人家的外婆當了八年，我勸她看清楚現實，人家是有婚約的，妳是沒有名分的，哪一天元配發現了找到妳，看妳怎麼辦，這女生居然跟我說：「哼！我就等著他元配找上門來我

要跟她說，妳的健保費是我出的，妳身上穿的這個衣服是用我的錢買的，妳孩子的尿片奶粉錢也是我出的。」

因為她兼了三份工作，外加把嫁妝的錢拿進來，所以這是我當年輔導到個案，已經輔導到很無力，因為她覺得她值得，她說他已經都生意倒了八年了正好遇到他的時候，她說如果再過個一兩年、兩三年，他必定會東山再起，就是很相信算命的話。

那天我們談到傍晚六七點，我最後聽到她講一句話，我就站起來走開了，她說：「老師，我只是要吐吐苦水，我沒有需要妳建議什麼，這八年來我都是歡喜做甘願受。」就這句話，我當下說：「好，妳早說嘛！我們幹嘛要做這個衛道人士在這邊勸妳，這是每個人的選擇。」我就離開了。

這件事情經過了多年我也就慢慢淡忘了，一直到最近，因為看到幾個七年級生的女生，先後有三個來跟我求助了都是一樣的問題，她們都是人家的小三，這個問我怎麼辦？那個問我要不要繼續下去？另外一個說要不要直接到元配家去嗆聲？請她把位置讓出來！這些小三也都是來勢洶洶，我跟這三個女生分別說，有沒有機會我把妳們找在一起，我做團體輔導好了，「小三團體輔導」。

　　我來請一個資深小三，我就想到當年的那個人家的外婆八年經驗的，我說我找她來跟各位上個課，當我打電話給這個資深的小三的時候，我說：「某某某妳好還記得我嗎？」「記得呀，老師，有什麼事嗎？我們好久沒聯絡幾年了？」

　　我說：「對，至少五年、七年有吧。」

　　她說：「是。」

　　我說：「是這樣，我最近遇到了三個比較年輕的女生，都遇到妳當年的情況，而且都很困擾，妳願不願意以過來人的經驗奉勸這些不要做小三？」

　　沒想到我這個成大的學生居然說：「老師，我沒有辦法出面，我不是好的示範。」

　　我說：「對，做小三本來就不是。」

　　她說：「不，老師，我把元配幹掉了，我現在跟他結婚了，而且他跟他前妻所生的第三個小孩，已經被我們領養了，算是我們的孩子，因為我不想生。」

　　原來如此，我好錯愕！當下不知道該怎麼接話？

　　如果我叫這個資深小三來教新的一代小三，如何去把人家丈夫搶過來，組成另外一個家庭，那她應該是很好的詮釋者，可是這不是我的用意，所以抱歉，那三個女生我有找

來個別跟她們說：「這個終究不是長久之計，小三能夠扶正的機會實在太渺茫了，而且應該是得到了，也會良心不安，因為破壞人家的家庭。」

再來我們女生是不是也要相對的有一些覺醒，當男人說這個家看久了很煩，野花色香味俱全，我們女生是不是應該有三點的做法？

重新收拾自己

妳是不是也要稍微開始注重自己的打扮，一方面可以增加新鮮的美感，不管是換個髮型、塗點腮紅、換一下口紅，妳要設法恢復你們談戀愛時，所具備的柔美女性形象，或者是表現他在你們兩個談戀愛時，最喜歡妳那個樣子、那個形象最好，這樣子夫妻生活可以更加和諧和多采多姿。

尤其在夜晚當雙方都下班回家了，吃完晚飯了都忙完了準備睡覺了，以前在單身的時候晚上睡七八小時，是沒什麼樂趣，可是結婚以後這八小時可就熱鬧了。換言之，在床上的氣氛非常的重要，最基本的是，妳不要保守到穿著什麼阿嬤的內褲、粗布睡衣這種，妳就穿很挑逗性感，有蕾絲邊、透明紗質的，如果不好意思購買，也許可以慫恿或鼓勵

先生自己到店裡去挑，看他希望你穿什麼樣的睡衣？

　　我自己個人就收過先生送的兩三套，那個大概都是我自己不會買的，所以這也是我們女生不要這個時候，人家男生送給你，還罵人家色迷迷、不要臉、噁心……這可能是做太太自己應該要檢討的。

　　如果丈夫希望我們穿得性感一點，我們就性感一點，這樣子投其所好是更積極的做法。所以如果妳在做愛做的事時，能夠穿著讓對方一下子就挑起那個興奮感，真的應該是有助於夫妻間的情感和諧，尤其是對年輕的夫妻更是重要。多少年輕男性，都是在婚前會幻想著婚後美妙的床上生活，現在既然每天都有機會可以上場做實驗、做表演，哪有不努力、趨之若鶩的去實踐它呢？

　　年輕的男性沒結婚前，他充滿了對性生活的憧憬，有些大概不好意思對妻子吐露，但是可以慢慢溝通的，我們可以把這個訊息傳達給當太太的人，最重要的是如果夫妻白天吵架，沒有吵到絕對不可能的地步，那麼按照我們剛剛講的做愛做的事，可以降低吵架的負面影響，有一句話說：「生氣時不要做愛。」其實我們存疑，也許妳換個方式，做愛方式也很多種也不一定要全套，妳先主動的對他示好、示意抱

抱他、親親他，可能也會有改變，家庭生活會更甜蜜溫暖，降低你們吵架的次數跟嚴重性。

　　這是我們給女生的第一個忠告，尤其是當男生說不出對不起，也許他白天惹妳生氣了，但是他有一個示意、他有一個動作，他說不出來他會用動作，請不要不給男生台階下，這是我們女生應該要做的。而且很多中年男性還要求我幫他們說出心聲，拜託我們這些女生們，不要以為說為小孩了，孩子也都跟著你們夫家姓，我就沒事了。我要去這個佛堂了，我要去吃齋唸佛了，是不是女生對這個行房的興趣，真的比男生低？有可能，可是我個人的名言是：「恩愛的夫妻要勤於做愛，可是做愛的等級不一定要都全套，只是一個親密的表示也很好的。」

不要因為小孩，忽略了丈夫

　　千萬不要因為要照顧小孩，忽略了對丈夫的體貼跟照顧，這一點對男性非常重要，也同樣的呼籲男生，也不要因為自己已經結婚了，就完全喪失當初追求老婆的熱情，最起碼就算你婚後工作很忙，晚上不回家吃晚飯，也一定要事前通知太太，這是一種民主素養，也是互相尊重對方的表現。

適度妝扮儀容

如果你們這對夫妻要一起出席聚會，那我們覺得還是略微打扮比較好，因為台灣這種社會還是很好面子，或是有這種人，會從這個衣著打扮評估一個人，所以如果略加打扮，增添美感之外也是種社交禮貌。但是如果是夫妻雙方單獨要外出時，可能去赴同學會可能跟幾個死黨，妳就不必要打扮非常吸引人，因為搞不好還會惹來丈夫的不悅，他想說妳是要去跟誰約會？

這要看先生的度量，我自己也有一個想法是，我跟多年的老朋友沒見面，不管他是男的女的，反正我們心術正，就算跟久別重逢二三十年沒聯絡，以前大學時代大家有一起參加過活動，我覺得稍微打扮應該也無妨，先生也不用敏感到追問你要去跟誰約會？

打扮都是一種尊重對方、禮貌的表現，反過來有些女生以為，反正我已經結婚了，對方都被我套牢了，我何必打扮得漂漂亮亮去吸引丈夫呢？有這種心態的女士趕快改一改，這個會埋下未來分手的種子。先生雖然被妳套牢，但是你們還是有很多社交活動，無論男生或女生，多多少少都存

在著有一種虛榮心或嫉妒心，或是人要貌相，或一見到面就上下打量，你們家是怎麼樣，你穿什麼、配戴什麼的這種這是人性，所以如果丈夫看到妻子，不但端莊還具有美感還性感，他往往產生愉快感，還倍覺有面子。反過來妻子看丈夫亦如是，更何況女為悅己者容，女也可以悅己者容，為了要取悅我自己，我讓自己充滿美感，我不但可以愉悅我的伴侶，也可以讓自己欣賞，走起路來都有風。人多多少少還是有一點自戀，只要別人說我們怎麼樣，我們還是聽起來很受用。

如果我們自己把夫妻關係經營得更好，是不是讓小三就無縫可插，她不會見縫插針，就這樣進來了。小三這個議題又很像一個毒瘤，一旦沾上了，有的時候不弄到身敗名裂，弄到大家對簿公堂，甚至於以離婚收場，實在是那個損失，是得不償失的。因為你好不容易經營多年的感情，當初總有情分才會結婚的吧？就這樣放手了，划算嗎？

我這邊絕對不是要請這個大老婆們，忍耐再忍耐、委屈再委屈，太委屈沒有必要，如果是給他機會他不知珍惜，還一犯再犯，我通常都很希望說，妳跟先生彼此有個協議：

你如果第一次招惹到小三，你投降了，跑到小三懷裡，

我或許可以說你沒有打過預防針，所以一搭船就暈船，給你一次回頭機會，但是絕對不給第二次機會！

我會建議大老婆，在第一次機會，抓到戳破之後，談開了，這個時候的心理調適非常重要，因為破鏡重圓總有縫，所以妳自己要更寬大一點，因為妳決定要原諒他這次，就不要耿耿於懷，更不能動不動就把這個事情拿出來講，或是不給對方顏面，甚至在別人面前或是親戚之間講、或是孩子面前，想到就數落一遍，這樣很要不得。

但是如果妳跟先生達成一個共識，有個但書，甚至白紙黑字寫下來：我就原諒你這次，下次絕對不容許，連默許都不會，絕對不會默許、容許都不在我考慮之列，沒有第二句話，那我們就先小人後君子，倘若下次再發生，我們該要分的、該要切的，夫妻財產之類的，都先白紙黑字寫清楚，然後找律師公證。

好像也只能這樣了，這算不算是給大老婆的一個解決之道呢？

驗貨愛情

愛情的解讀線索

※ 他對你吸引力的本質：

什麼最吸引你	身體		個性	
有多少事會吸引你	很少		很多	

※ 戀愛的過程：

一開始	快速		緩慢	
興趣持續	變化很大		可預測	
對自己個性影響	無建設性		變得更好	
如何結束	很快		很慢	

※ 彼此的觀感：

對他的感覺	完美化		包容過失	
別人怎麼看你們	負面評價		大都贊成	

※ 處理雙方的麻煩：

距離對關係的影響	淡化消失		愈見成熟	
爭吵對戀情的影響	頻繁扼殺		少／不嚴重	

※ 愛情的內心世界：

彼此的感覺	他是他、我是我		兩人一體	
自我的反應	自私／拘束		自在／關心	
對對方的整體態度	犧牲／利用		分享／幫助	
關於嫉妒	頻繁尖銳		少／不嚴重	

喜歡的感覺

※ 和伊一起，是兩人都有的心思。

※ 伊非常好。

※ 願意推薦伊去做被人尊敬的事、

※ 伊特別的成熟。

※ 對伊有高度信心。

※ 誰和伊相處，大部分都會有好印象。

※ 我和伊很相似。

※ 願意做什麼事都投伊一票。

※ 伊是許多人中，容易讓人尊敬的。

※ 伊是十二萬分聰明。

※ 是我所認識的人中，非常討人喜歡的。

※ 是我很想學習的那種人。

※ 伊非常容易贏得別人好感。

愛情的情緒

※ 當伊情緒低落，我的職責就是讓伊快樂起來。

※ 所有的事，我都信賴伊。

※ 要忽略伊的過失很容易。

※ 願意爲伊做所有的事。

※ 彼此都有占有慾。

※ 若不能和伊一起，我會覺得非常不幸。

※ 假使我孤寂，首先想到就是去找伊。

※ 世上我最關心的，是伊幸不幸福。

※ 不管伊做了什麼，我都願意寬恕。

※ 伊的幸福是我的責任。

※ 和伊在一起，只用眼看著伊都幸福。

※ 能讓伊 100% 信賴，是我最大的快樂。

※ 沒有伊，我活不下去。

戀愛中的迷思

※ 1+1 ≠ 2。

※ 彼此對自由的矛盾。

※ 取悅對方，失去自我。

※ 犧牲是可以換到眞愛、或產生同情。

※ 符合擇偶條件後，是否就會有眞愛。

※ 愛是絕對付出。

※ 愛是時時刻刻相處。

※ 戀愛是爲累積男女間相處的經驗值。

※ 只要眞心相愛，就可以發生性行爲。

※ 伊若眞愛我，就要爲我而改變。

夫妻【衝突問題】測驗卷

自己	衝突點	另一半
	財物管理	
	性	
	親密互動	
	姻親關係	
	社交	
	休閒時間運用	
	準時	
	共處時間	
	個人嗜好	
	家務分攤	
	事業婚姻孰重	
	子女教養	
	其他	

婚姻的迷思

※ 婚姻生活應該 100% 的坦誠。

※ 生孩子可以改善婚姻。

※ 夫妻應該是最知己的朋友。

※ 婚姻可以改造對方。

※ 婚姻是愛情的墳墓。

※ 男生必須為家庭負較大責任。

※ 男主外女主內。

※ 男人有處女迷思。

※ 浪漫愛情造就美好婚姻。

※ 婚外情必然摧毀婚姻。

※ 心裡有愧就得直說。

※ 夫妻應事事同進同出。

※ 美滿婚姻必須苦心經營。

※ 幸福婚姻必須 100% 信任。

※ 理想配偶應讓對方快樂。

※ 好夫妻可以盡情發洩情緒。

※ 婚姻是全然的對等夥伴關係。

※ 結婚便可實現人生夢想。

※ 相愛的人彼此瞭若指掌。

※ 不快樂婚姻勝過破碎家庭。

※ 先生的壯志比妻子的事業重要。

※ 配偶要求離婚得設法強留。

※ 無解的婚姻還可以恢復生機。

※ 夫妻競爭可使婚姻有活力。

※ 個性差異大的夫妻會互相吸引。

國家圖書館出版品預行編目資料

結婚證書不跳票/ 饒夢霞著 ;
-- 初版. -- 臺北市 : 大塊文化, 2011.05
面 ； 公分. -- (Smile ; 99)
ISBN 978-986-213-259-3（平裝）

544.3   100008658

編號：SM099　　書名：結婚證書不跳票

大塊 LOCUS 文化 讀者服務卡

謝謝您購買本書！

如果您願意收到大塊最新書訊及特惠電子報：

— 請直接上大塊網站 locuspublishing.com 加入會員，免去郵寄的麻煩！

— 如果您不方便上網，請填寫下表，亦可不定期收到大塊書訊及特價優惠！
   請郵寄或傳真 +886-2-2545-3927。

— 如果您已是大塊會員，除了變更會員資料外，即不需回函。

— 讀者服務專線：0800-322220；email: locus@locuspublishing.com

姓名：_____ 姓別：□男　　□女

出生日期：_____年_____月_____日　聯絡電話：_____

E-mail：_____

您所購買的書名：_____從

何處得知本書：

1.□書店　2.□網路　3.□大塊電子報　4.□報紙　5.□雜誌

6.□電視　7.□他人推薦　8.□廣播　9.□其他

您對本書的評價：

（請填代號　1.非常滿意　2.滿意　3.普通　4.不滿意　5.非常不滿意）

書名_____內容_____平面設計_____版面編排_____紙張質感_____

對我們的建議：_____

_____

_____

_____

_____

LOCUS

LOCUS

LOCUS

LOCUS